일반경찰 | 경찰간부 시험 대비

경찰
헌법도약
최근 3개년 헌법판례정리

이국령 편저

25년 1차
경찰시험대비
최신판

2022년 1월
~2024년 8월
최신판례
수록

PREFACE
이 책의 머리말

올해도 어김없이 최신판례를 준비해야 할 시기가 왔습니다. 여름이 지나갔고, 곧 겨울이 지나가면 2025년 1차 시험이 3월 15일에 시행됩니다.

헌법 시험은 기존에 알고 있던 내용들을 충실히 반복하는 것도 중요하지만, 최신판례를 알고 가는 것도 중요합니다. 기존의 법리로 해결되지 않는 내용들이나 전혀 새로운 내용을 담고 있는 판례들도 계속 등장하기 때문입니다. 그러나 한도 끝도 없이 양을 늘리면 오히려 수험에 부담이 되므로 효율적이고 정확한 정리를 위해 노력하였습니다.

헌법 과목의 최신판례 중 위헌 결정 사례는 최우선으로 반드시 익히고 가야 합니다. 그래서 기출지문의 원문을 최대한 살렸습니다. 아직 기출되지 않았지만 출제 가능성이 높은 것들도 빠짐 없이 실었습니다. 또한 이번에는 눈으로 한 번만 보면 충분히 맞힐 수 있는 합헌 판례들도 풍부히 키워드 위주로 정리하여 공부하시는데 도움이 되고자 했습니다.

교재의 완성도를 위해 물심양면으로 노력해 주신 윌비스 출판팀의 원성일 수석님과 권윤주 차장님, 그리고 김시원 대리님께 깊은 감사의 말씀을 드립니다.

강사라는 직업은 참으로 보람된 직업입니다. 제가 이 직업을 선택하게 된 이유는 먹고 사는 문제를 해결하기 위한 것이었습니다만, 그래도 평생 직업으로 할 일을 찾는 분들에게 도움을 드릴 수 있는 직업이었기에 무채색이었던 저의 삶이 한결 다채로울 수 있었습니다.

지금까지 부족한 저의 교재와 강의를 따라와 주셔서 정말 감사드립니다.

새는 언젠가 알을 깨고 나와 둥지를 벗어나야만 합니다. 그 과정에서 좌절도 하고 고민도 많았겠지만, 결국 세상을 향한 날개를 펼쳐 자유롭게 날아 다닐 수험생 여러분의 빛나는 공직생활을 기원합니다.

2025년 1월, 노량진 연구실에서
이국령 드림

GUIDE
이 책의 특징 및 활용법

Constitution
이국령 **경찰 헌법도약**
최근 3개년 헌법판례정리

1. 본 자료는 2025년 1차 경찰시험 헌법과목을 대비하기 위한 최신판례 특강자료입니다.

2. 2022년 1월부터 2024년 8월까지 내려진 헌법재판소의 주요 결정을 정리하였습니다. 수험적으로 의미 있는 중요한 위헌 판례들은 대부분 소개하였으므로, 최선을 다해 공부한 이후, 시험에서 낯선 최신판례가 나왔다면 합헌으로 추정하고 풀어 나가면 도움이 됩니다. 해당 기간 동안에 새로 나온 수험적으로 의미 있는 판례의 수만 400개가 넘으므로, 효율적인 공부와 정리가 필요합니다.

3. 결론이 중요한 판례는 결론 위주로 소개하였고, 세부적인 내용이 중요한 판례들은 내용을 꼼꼼히 실어 어려운 내용도 대비할 수 있도록 하였습니다. 또한 위헌판례들의 경우 목수해법 중 어떤 부분부터 위배되었는지도 체크할 수 있도록 해설 우측 하단에 표기해 두었습니다.

4. 최신판례 중 이미 기출된 지문은 모두 반영하였습니다. 2024년 하반기까지 출제된 시험들까지 모두 반영을 하였습니다. 판례를 이해하기 편하도록 먼저 내용을 옳은 지문들로 제시하고, 틀리게 출제되거나 변형되어 출제된 지문은 각 해설 하단에 **기출지문** 의 형태로 지문을 소개하여 대비할 수 있도록 했습니다.

5. 쟁점이 비슷한 단순한 합헌판례는 모아서 키워드 위주로 정리하여 두었습니다.

6. 이 교재와 강의 등에 문의사항이 있으신 경우, 네이버 카페 헌법도약(cafe.naver.com/doyag)으로 오셔서 질문해 주시면 빠르게 답변드릴 수 있도록 하겠습니다.

CONTENTS
이 책의 차례

PART 01 헌법총론

- 법치주의 ·· 2
- 권력분립원칙 ·· 4
- 국 적 ··· 4
- 조약과 국제법규 ·· 5
- 책임과 형벌간의 비례원칙 ··· 6

PART 02 기본권

① 기본권 총론 ··· 9

② 정당제도와 정당의 자유 ··· 10
- 지방자치제도 ·· 12

③ 포괄적 기본권 ··· 13
- 헌법 제10조 : 인간의 존엄과 가치 · 행복추구권 ·········· 13
- 평등권 ··· 15

④ 자유권적 기본권 ··· 25
- 신체의 자유 ·· 25
- 주거의 자유 ·· 29
- 사생활의 비밀과 자유 / 개인정보자기결정권 ················ 29
- 통신의 자유 ·· 32
- 양심의 자유 ·· 33

- ▸ 종교의 자유 ··· 34
- ▸ 언론·출판의 자유 ································ 35
- ▸ 알 권리 ··· 41
- ▸ 집회·결사의 자유 ································ 42
- ▸ 학문과 예술의 자유 ······························ 44
- ▸ 직업의 자유 ······································· 45
- ▸ 재산권 ·· 51

⑤ 정치적 기본권 ······································ 60
- ▸ 선거권과 선거제도 ······························ 60
- ▸ 공무담임권과 직업공무원제도 ··············· 61

⑥ 청구권적 기본권 ··································· 64
- ▸ 청원권 ·· 64
- ▸ 재판청구권 ·· 65
- ▸ 국가배상청구권 ·································· 67

⑦ 사회권적 기본권 ··································· 68
- ▸ 인간다운 생활을 할 권리 ····················· 68
- ▸ 교육을 받을 권리 ································ 69
- ▸ 근로의 권리·근로3권 ··························· 70
- ▸ 환경권 ·· 72
- ▸ 혼인과 가족생활에 관한 권리 ··············· 73

Constitution
이국령 경찰 헌법도약
최근 3개년 헌법판례정리

경　　　찰
헌 법 도 약

최근 3개년

헌 법
판례정리

25년 1차 경찰시험대비 **최신판**

CHAPTER 01 헌법총론

▶ 법치주의

001 [기각]

구 법령에 따라 폐자동차재활용업 등록을 한 자에게도 3년 이내에 등록기준을 갖추도록 한 「전기·전자제품 및 자동차의 자원순환에 관한 법률 시행령」 부칙 제3조 제1항 및 제2항 중 '3년' 부분은 신뢰보호원칙에 위배되지 않는다.

| 해 설 | 『이 사건 부칙조항이 정한 3년의 유예기간은 법령의 개정으로 인한 상황변화에 적절히 대처하기에 상당한 기간으로 지나치게 짧은 것이라 할 수 없으므로, 이 사건 부칙조항은 신뢰보호원칙에 위배되어 청구인의 직업의 자유를 침해하지 아니한다.』(헌재 2022.9.29. 2019헌마1352).

기출지문 구 법령에 따라 폐자동차재활용업 등록을 한 자에게도 3년 이내에 등록기준을 갖추도록 한 「전기·전자제품 및 자동차의 자원순환에 관한 법률 시행령」 부칙 제3조 제1항 및 제2항 중 '3년' 부분은 신뢰보호원칙에 위배되어 그 등록을 한 자의 직업의 자유를 침해한다. [24 국회8급] (×)

002 [기각]

'개성공단의 정상화를 위한 합의서'에는 국내법과 동일한 법적 구속력을 인정하기 어렵고, 과거 사례 등에 비추어 개성공단의 중단 가능성은 충분히 예상할 수 있었으므로, 개성공단 전면중단 조치는 신뢰보호원칙을 위반하여 개성공단 투자기업인 청구인들의 영업의 자유와 재산권을 침해하지 아니한다. [22 경찰2차]

| 해 설 | 『'개성공단의 정상화를 위한 합의서'에는 국내법과 동일한 법적 구속력을 인정하기 어렵고, 과거 사례 등에 비추어 개성공단의 중단 가능성은 충분히 예상할 수 있었으므로, 개성공단 전면중단 조치는 신뢰보호원칙을 위반하여 개성공단 투자기업인 청구인들의 영업의 자유와 재산권을 침해하지 아니한다.』(헌재 2022.1.27. 2016헌마364).

003 [합헌]

헌법재판소가 성인대상 성범죄자에 대하여 10년 동안 일률적으로 의료기관에의 취업제한 등을 하는 규정에 대하여 위헌결정을 한 뒤, 개정법 시행일 전까지 성인대상 성범죄로 형을 선고받아 그 형이 확정된 사람에 대해서 형의 종류 또는 형량에 따라 기간에 차등을 두어 의료기관에의 취업 등을 제한하는 「아동·청소년의 성보호에 관한 법률」 부칙 제5조 제1호는 신뢰보호원칙에 위배되지 아니한다. [24 국회8급]

| 해 설 | 『성인대상 성범죄자에게 일률적으로 10년 동안 의료기관에의 취업제한을 하도록 한 조항에 대한 헌법재판소의 2016. 3. 31. 2013헌마585등 위헌결정에 따르더라도 재범의 위험성 및 필요성에 상응하는 취업제한 기간을 정하여 부과하는 의료기관 취업제한이 가능함은 예상할 수 있었다고 보아야 하고, 취업제한은 장래의 위험을 방지하기 위한 것으로서, 향후 성인대상 성범죄자에게 의료기관 취업제한이 없을 것이라는 기대는 정당한 신뢰 또는 헌법상 보호가치 있는 신뢰로 보기 어렵다. 이 사건 부칙조항의 입법취지는 헌법재판소의 위헌결정으로 발생한 법적 공백을 메우고, 아동·청소년

을 성범죄로부터 보호하며, 아동·청소년 및 그 보호자가 의료기관을 믿고 이용할 수 있도록 하는 것이므로, 그 공익적 가치가 크다. 헌법재판소의 위헌결정 뒤 법원이 취업제한 기간을 정하도록 하는 법률안을 정부가 입법예고하는 등의 절차를 거쳐 국회에서 이 사건 부칙조항의 입법이 이루어졌고, 개정법 시행 후 취업제한대상자나 그 법정대리인이 제1심판결을 한 법원에 취업제한기간의 변경이나 취업제한의 면제를 신청할 수 있도록 불이익을 최소화하고 있는 사정을 종합하면 이 사건 부칙조항은 신뢰보호원칙에 위배되지 아니한다』(헌재 2023.5.25. 2020헌바45).

004 [합헌]

공익법인이 유예기한이 지난 후에도 보유기준을 초과하여 주식을 보유하는 경우 10년을 초과하지 않는 범위에서 매년 가산세를 부과하도록 정한 구「상속세 및 증여세법」제78조 제4항 중 제49조 제1항 제2호에 관한 부분은 신뢰보호원칙에 반하지 아니한다. [24 국회8급]

| 해 설 | 『출연재산을 변칙적인 탈세나 부의 증식 내지 세습수단으로 악용하는 것을 방지하기 위하여 입법자는 공익법인에 출연한 내국법인 주식 중 증여세과세가액에 산입하지 않는 한도기준을 낮추고, 더 나아가 유예기한 경과 후까지 기준을 초과하여 보유하는 경우에는 가산세를 부과하는 것으로 법을 개정하여 왔으며, 심판대상조항은 기존 입법들의 연장선상에서 그 문제점을 보완한 것이다. 관련 규정의 개정 경과에 비추어 청구인과 같은 공익사업 영위자는 제도의 시행과정에서 발생하는 문제점을 제거하기 위하여 추가적인 법률개정이 필요할 수 있음을 충분히 예상할 수 있었으므로 법률의 존속에 대한 신뢰이익의 보호가치는 크다고 할 수 없는 반면 조세회피나 부의 세습을 방지함으로써 얻게 되는 공익은 막중하므로 심판대상조항은 신뢰보호원칙에 반하지 아니한다』(헌재 2023.7.20. 2019헌바223).

005 [기각]

수신료 징수업무를 지정받은 자가 수신료를 징수하는 때, 그 고유업무와 관련된 고지행위와 결합하여 이를 행해서는 안 된다고 규정한「방송법 시행령」조항은 수신료의 구체적인 고지방법에 관한 규정인바, 이를 법률에서 직접 정하지 않았다고 하여 의회유보원칙에 위반된다고 볼 수 없다. [24 지방7급]

| 해 설 | 『심판대상조항은 수신료의 구체적인 고지방법에 관한 규정인바, 이는 수신료의 부과·징수에 관한 본질적인 요소로서 법률에 직접 규정할 사항이 아니므로 이를 법률에서 직접 정하지 않았다고 하여 의회유보원칙에 위반된다고 볼 수 없다. 심판대상조항은 수신료의 징수를 규정하는 상위법의 시행을 위하여 수신료 납부통지에 관한 절차적 사항을 규정하는 집행명령이다. 집행명령의 경우 법률의 구체적·개별적 위임 여부 등이 문제되지 않고, 다만 상위법의 집행과 무관한 독자적인 내용을 정할 수 없다는 한계가 있다. 심판대상조항은 청구인이 방송법 제65조, 제67조 제2항에 따라 수신료 징수업무를 위탁하는 경우 그 구체적인 시행방법을 규정하고 있을 뿐이라는 점에서 집행명령의 한계를 일탈하였다고 볼 수 없다』(헌재 2024.5.30. 2023헌마820 등).

006 [합헌]

성폭력범죄를 저질러 벌금형이 확정된 체육지도자의 자격을 필요적으로 취소하도록 개정된 국민체육진흥법 조항은 헌법에 위반되지 않는다.

| 해 설 | 『1. 이 사건 부칙조항은 진행 중인 사실 내지 법률관계에 대한 규율이므로 헌법상 원칙적으로 금지되는 진정소급입법에 해당하지 아니한다.

2. 개정 전 국민체육진흥법에 따르면, 체육지도자가 성폭력범죄로 벌금형이 확정된다고 하더라도 최대 6개월의 자격정지처분이 내려질 수 있을 뿐 필요적으로 그 자격이 취소되는 아니하였으므로, 청구인은 개정법 시행 전 저지른 성폭력범죄에 대하여 벌금형이 확정되더라도 체육지도자 자격이 취소되지 않을 것이란 기대를 가질 수 있었다. 그런데 이러한 신뢰는 헌법상 보호가치 있는 신뢰라고 보기 어렵다. 따라서 이 사건 부칙조항들은 신뢰보호원칙에 위반되지 않는다』(헌재 2024.8.29. 2023헌바73).

▶ 권력분립원칙

기각

007 국회의장의 의사진행에 관한 폭넓은 재량권은 국회의 자율권의 일종이므로, 다른 국가기관은 헌법이나 법률에 명백히 위배되지 않는 한 국회의장의 의사절차 진행 행위를 존중하여야 한다.

| 해 설 | 『국회의장의 의사진행에 관한 폭넓은 재량권은 국회의 자율권의 일종이므로, 다른 국가기관은 헌법이나 법률에 명백히 위배되지 않는 한 국회의장의 의사절차 진행 행위를 존중하여야 한다』(헌재 2020.5.27. 2019헌라6).

> **기출지문** 국회의장의 의사절차 진행 행위는 국민의 알 권리와도 밀접히 관련되어 있으므로 엄격한 사법심사로 이를 통제할 필요가 있다. [24 법행]   (×)

헌법불합치 「보건의료기관개설자에 대한 대불비용 부담금 부과 사건」

008 대불비용 부담금을 보건의료기관개설자에게 부과하면서 대불비용 부담금에 관하여 필요한 사항을 대통령령에 위임하는 위임조항 중 '그 금액' 부분은 포괄위임금지원칙에 위배된다.

| 해 설 | 『이 사건 위임조항은 부담금의 액수를 어떻게 산정하고 이를 어떤 요건 하에 추가로 징수하는지에 관하여 그 대강조차도 정하지 않고 있고, 관련조항 등을 살펴보더라도 이를 예측할 만한 단서를 찾을 수 없다. 또한, 반복적인 부담금 추가 징수가 예상되는 상황임에도 대불비용 부담금이 '부담금관리 기본법'의 규율대상에서 제외되는 등 입법자의 관여가 배제되어 있다는 점도 문제가 있다. 따라서 이 사건 위임조항 중 '그 금액' 부분은 포괄위임금지원칙에 위배된다』(헌재 2022.7.21. 2018헌바504).

▶ 국 적

합헌

009 직계존속이 외국에서 영주할 목적 없이 체류한 상태에서 출생한 자는 병역의무를 해소한 경우에만 국적이탈을 신고할 수 있도록 하는 구 국적법 제12조 제3항은 명확성원칙에 위반되지 않고, 국적이탈의 자유를 제한하지만 침해하지 않는다. [23 경찰2차]

| 해 설 | 『1. 헌법 제13조 제3항은 친족의 행위와 본인 간에 실질적으로 의미 있는 아무런 관련성을 인정할 수 없음에도 불구하고 오로지 친족이라는 사유 그 자체만으로 불이익한 처우를 가하는 경우에 적용된다. 그런데 선천적 복수국적자가 지닌 대한민국 국민으로서의 지위는 혈통에 의하여 출생

과 동시에 국적법에 따라 자동적으로 취득하는 것으로, 복수국적의 선천적 취득과 이로 인한 국적이탈의 문제는 헌법상 연좌제금지원칙에서 규율하고자 하는 대상이라 볼 수 없다.

2. 심판대상조항은 '직계존속이 외국에서 영주할 목적 없이 체류한 상태에서 출생한 자'에 대해서는 병역의무를 해소한 경우에만 대한민국 국적이탈을 신고할 수 있도록 하므로, 위와 같이 출생한 사람의 국적이탈의 자유를 제한한다. 다만 거주·이전의 자유를 규정한 헌법 제14조는 국적이탈의 자유의 근거조항이고 심판대상조항은 출입국 등 거주·이전 그 자체에 어떠한 제한을 가한다고 보기 어려운바, 출입국에 관련하여 거주·이전의 자유가 침해된다는 청구인의 주장에 대해서는 판단하지 아니한다.

3. 심판대상조항은 과잉금지원칙에 위배되지 아니하므로 국적이탈의 자유를 침해하지 아니한다』(헌재 2023.3.23. 2019헌바462).

> **기출지문** 직계존속이 외국에서 영주할 목적 없이 체류한 상태에서 출생한 자는 병역의무를 해소한 경우에만 국적이탈을 신고할 수 있도록 하는 구「국적법」제12조 제3항은 헌법상 연좌제금지원칙의 규율 대상이다.
> [24 경찰간부] (×)
>
> **기출지문** 직계존속이 외국에서 영주할 목적 없이 체류한 상태에서 출생한 자는 병역의무를 해소한 경우에만 국적이탈을 신고할 수 있도록 하는 구「국적법」제12조 제3항은 출입국 등 거주·이전 그 자체에 제한을 가하고 있으므로, 출입국에 관련하여 그 출생자의 거주·이전의 자유가 침해되는지 여부가 문제된다.
> [24 국회8급] (×)

010 [합헌] 복수국적자가 외국에 주소가 있는 경우에만 국적이탈을 신고할 수 있도록 하는 국적법 제14조 제1항 본문은 명확성원칙에 위반되지 않고, 국적이탈의 자유를 제한하지만 침해하지 않는다.
[24 경정승진·23 국가7급]

| 해 설 | 헌재 2023.2.23. 2020헌바603

▶ 조약과 국제법규

011 자유권규약을 포함한 국제인권규범은 국내법체계상에서 법률적 효력을 가질 뿐이므로, 우리 헌법에서 명시적으로 입법위임을 하고 있거나 우리 헌법의 해석상 입법의무가 발생하는 경우가 아니라면, 국제인권규범이 명시적으로 입법을 요구하고 있거나 그 해석상 국가의 기본권 보장의무가 인정되는 경우라고 하더라도 곧바로 국가의 입법의무가 도출된다고 볼 수 없다.

| 해 설 | 『자유권규약을 포함한 국제인권규범은 국내법체계상에서 법률적 효력을 가질 뿐이므로, 우리 헌법에서 명시적으로 입법위임을 하고 있거나 우리 헌법의 해석상 입법의무가 발생하는 경우가 아니라면, 국제인권규범이 명시적으로 입법을 요구하고 있거나 그 해석상 국가의 기본권보장의무가 인정되는 경우라고 하더라도 곧바로 국가의 입법의무가 도출된다고 볼 수 없다』(헌재 2024.1.25. 2020헌바475 등).

> **기출지문** '시민적 및 정치적 권리에 관한 국제규약'(이하 '자유권규약')은 국내법체계상에서 법률적 효력을 가지므로, 헌법에서 명시적으로 입법위임을 하고 있거나 우리 헌법의 해석상 입법의무가 발생하는 경우가 아니라도, 자유권규약이 명시적으로 입법을 요구하고 있거나 그 해석상 국가의 기본권보장의무가 인정되는 경우에는 곧바로 국가의 입법의무가 도출된다. [24 경찰2차·24 국가7급] (×)

▶ 책임과 형벌간의 비례원칙

위헌

012 예비군대원 본인의 부재시 예비군훈련 소집통지서를 수령한 같은 세대 내의 가족 중 성년자가 정당한 사유없이 소집통지서를 본인에게 전달하지 아니한 경우 형사처벌을 하는 「예비군법」 조항은 책임과 형벌 사이의 비례원칙에 위반된다.

| 해 설 | 『심판대상조항은 예비군대원 본인이 부재중이기만 하면 예비군대원 본인과 세대를 같이한다는 이유만으로 가족 중 성년자가 소집통지서를 전달할 의무를 위반하면 6개월 이하의 징역 또는 500만 원 이하의 벌금이라는 형사처벌을 하고 있는데, 이는 예비군훈련을 위한 소집통지서의 전달이라는 정부의 공적 의무와 책임을 단지 행정사무의 편의를 위하여 개인에게 전가하는 것으로, 이것이 실효적인 예비군훈련 실시를 위한 전제로 그 소집을 담보하고자 하는 것이라도 지나치다고 아니할 수 없다. 심판대상조항은 국가안보 등에 관한 현실의 변화를 외면한 채 여전히 예비군대원 본인과 세대를 같이 하는 가족 중 성년자에 대하여 단지 소집통지서를 본인에게 전달하지 아니하였다는 이유로 형사처벌을 하고 있는데, 그 필요성과 타당성에 깊은 의문이 들지 않을 수 없다. 심판대상조항은 행정절차적 협력의무에 불과한 소집통지서 전달의무의 위반에 대하여 과태료 등의 행정적 제재가 아닌 형사처벌을 부과하고 있는데, 이는 형벌의 보충성에 반하고, 책임에 비하여 처벌이 지나치게 과도하여 비례원칙에도 위반된다. 위와 같은 사정들에 비추어 보면, 심판대상조항은 책임과 형벌 간의 비례원칙에 위반된다』(헌재 2022.5.26. 2019헌가12).

기출지문 예비군대원 본인의 부재시 예비군훈련 소집통지서를 수령한 같은 세대 내의 가족 중 성년자가 정당한 사유없이 소집통지서를 본인에게 전달하지 아니한 경우 형사처벌을 하는 「예비군법」 조항은 책임과 형벌 사이의 비례원칙에 위배되지 않는다. [23 경정승진]   (×)

위헌

013 허위재무제표작성죄와 허위감사보고서작성죄에 대하여 배수벌금을 규정하면서도, '그 위반행위로 얻은 이익 또는 회피한 손실액이 없거나 산정하기 곤란한 경우'에 관한 벌금 상한액을 규정하지 아니한 것은 ① 명확성의 원칙에 위배되지 않지만 ② 책임과 형벌 간의 비례원칙에 위배된다.

| 해 설 | 『심판대상조항은 허위재무제표작성죄 및 허위감사보고서작성죄에 대하여 배수벌금형을 규정하면서도, '그 위반 행위로 얻은 이익 또는 회피한 손실액이 없거나 산정하기 곤란한 경우'에 관한 벌금 상한액을 규정하고 있지 않기 때문에, 그와 같은 경우 법원이 죄질과 책임에 상응하는 벌금형을 선고할 수 없도록 하여 책임과 형벌 간의 비례원칙에 위배된다』(헌재 2024.7.18. 2022헌가6).

위헌   「음주운항 재범에 대한 가중처벌 사건」

014 음주운항 전력이 있는 사람이 다시 음주운항을 한 경우 2년 이상 5년 이하의 징역이나 2천만 원 이상 3천만 원 이하의 벌금에 처하도록 규정한 해사안전법 제104조의2 제2항 중 '제41조 제1항을 위반하여 2회 이상 술에 취한 상태에서 선박의 조타기를 조작한 운항자'에 관한 부분은 책임과 형벌 간의 비례원칙에 위반된다.   [23 경찰간부]

| 해 설 | 『심판대상조항은 가중요건이 되는 과거의 위반행위와 처벌대상이 되는 재범 음주운항 사이에 시간적 제한을 두지 않고 있다. 그런데 과거의 위반행위가 상당히 오래 전에 이루어져 그 이후 행해진 음주운항을 '해상교통법규에 대한 준법정신이나 안전의식이 현저히 부족한 상태에서 이루어

진 반규범적 행위' 또는 '반복적으로 사회구성원에 대한 생명·신체 등을 위협하는 행위'라고 평가하기 어렵다면, 이를 가중처벌할 필요성이 인정된다고 보기 어렵다. 또한 심판대상조항은 과거 위반전력의 시기 및 내용이나 음주운항 당시의 혈중알코올농도 수준 등을 고려할 때 비난가능성이 상대적으로 낮은 재범행위까지도 법정형의 하한인 2년 이상의 징역 또는 2천만 원 이상의 벌금을 기준으로 처벌하도록 하고 있어, 책임과 형벌 사이의 비례성을 인정하기 어렵다. 따라서 심판대상조항은 책임과 형벌 간의 비례원칙에 위반된다』(헌재 2022.8.31. 2022헌가10).

위헌 「성폭법상 주거침입강제추행·준강제추행죄 사건」

015 주거침입강제추행죄 및 주거침입준강제추행죄에 대하여 무기징역 또는 7년 이상의 징역에 처하도록 한 '성폭력범죄의 처벌 등에 관한 특례법' 관련규정은 책임과 형벌 간의 비례원칙에 위배된다. [23 경찰간부]

해 설 『주거침입죄와 강제추행·준강제추행죄는 모두 행위 유형이 매우 다양한바, 이들이 결합된다고 하여 행위 태양의 다양성이 사라지는 것은 아니므로, 그 법정형의 폭은 개별적으로 각 행위의 불법성에 맞는 처벌을 할 수 있는 범위로 정할 필요가 있다. 심판대상조항은 법정형의 하한을 '징역 5년'으로 정하였던 2020. 5. 19. 개정 이전의 구 성폭력처벌법 제3조 제1항과 달리 그 하한을 '징역 7년'으로 정함으로써, 주거침입의 기회에 행해진 강제추행 및 준강제추행의 경우에는 다른 법률상 감경사유가 없는 한 법관이 정상참작감경을 하더라도 집행유예를 선고할 수 없도록 하였다. 이에 따라 주거침입의 기회에 행해진 강제추행 또는 준강제추행의 불법과책임의 정도가 아무리 경미한 경우라고 하더라도, 다른 법률상 감경사유가 없으면 일률적으로 징역 3년 6월 이상의 중형에 처할 수밖에 없게 되어, 형벌개별화의 가능성이 극도로 제한된다. 심판대상조항은 법정형의 '상한'을 무기징역으로 높게 규정함으로써 불법과 책임이 중대한 경우에는 그에 상응하는 형을 선고할 수 있도록 하고 있다. 그럼에도 불구하고 법정형의 '하한'을 일률적으로 높게 책정하여 경미한 강제추행 또는 준강제추행의 경우까지 모두 엄하게 처벌하는 것은 책임주의에 반한다. 심판대상조항은 그 법정형이 형벌 본래의 목적과 기능을 달성함에 있어 필요한 정도를 일탈하였고, 각 행위의 개별성에 맞추어 그 책임에 알맞은 형을 선고할 수 없을 정도로 과중하므로, 책임과 형벌 간의 비례원칙에 위배된다』(헌재 2023.2.23. 2021헌가9 등).

비교판례 주거침입죄를 범한 사람이 강제추행죄 또는 준강제추행죄를 범한 경우에 법정형의 하한을 징역 5년으로 정한 구 성폭력범죄의 처벌 등에 관한 특례법 규정은 책임과 형벌 간의 비례원칙에 위반되지 않는다 (헌재 2020.9.24. 2018헌바171). [24 법행]

합헌

016 야간주거침입절도죄의 미수범이 준강제추행죄를 범한 경우 무기징역 또는 7년 이상의 징역에 처하도록 한 '성폭력범죄의 처벌 등에 관한 특례법' 조항은 헌법에 위반되지 않는다.

해 설 헌재 2023.2.23. 2022헌가2

합헌 「선박 감항성 결함의 미신고행위에 대한 형사처벌 사건」

017 누구든지 선박의 감항성의 결함을 발견한 때에는 신고하도록 하고 선박소유자, 선장 또는 선박직원이 신고의무조항을 위반한 경우 처벌하는 것은 죄형법정주의의 명확성원칙에 위배되지 않고, 책임과 형벌간의 비례원칙에 위배되지 않는다.

해 설 헌재 2024.5.30. 2020헌바234

합헌

「회계관계직원의 국고손실 가중처벌 사건」

018 회계관계직원의 국고손실을 처벌하는 '특정범죄 가중처벌 등에 관한 법률'상 조항(국고에 손실을 입힐 것을 알면서 그 직무에 관하여 형법 제355조 제1항 횡령의 죄를 범한 경우)은 명확성원칙에 위배되지 않고, 형벌체계상의 균형을 잃어 평등원칙에 위배된다고 할 수 없다.

| 해 설 | 헌재 2024.4.25. 2021헌바21 등

판례정리 책임과 형벌간의 비례원칙 관련 합헌판례 문구 모음

① 위험한 물건을 휴대하여 상해의 죄를 범한 때에는 1년 이상 10년 이하의 징역에 처하도록 규정한 특수상해죄 조항 (2021헌바424) [24 경정승진]

② 사람을 공갈하여 재물의 교부를 받거나 재산상의 이익을 취득하여 그 이득액이 5억 원 이상인 경우 이득액을 기준으로 가중처벌하는 것 (2019헌바128) [24 경정승진]

③ 소방시설을 법령과 화재안전기준에 맞게 시공할 의무를 위반한 소방시설공사업자와, 공사업자가 한 소방시설등의 시공이 설계도서와 화재안전기준에 맞는지에 대한 지도·감독 의무를 위반한 소방공사감리업자를 처벌하는 것 (2020헌바489) [24 법행]

④ 폭행죄로 2회 이상 징역형을 받은 사람이 다시 같은 죄를 범하여 누범으로 처벌하는 경우 가중처벌하도록 규정한 것 (2022헌바178) [24 법행]

⑤ 마약(대마)을 매매한 자를 1년 이상의 유기징역에 처하는 '마약류 관리에 관한 법률' 관련규정 (2021헌바270)

⑥ 가짜석유제품을 제조 또는 판매하여 조세를 포탈한 경우 '사기나 그 밖의 부정한 행위' 유무와 관계없이 형사처벌하는 것 (2019헌바433) [24 법행]

⑦ '마약류 관리에 관한 법률' 제2조 제3호 가목에 해당하는 향정신성의약품의 수취행위를 무기 또는 5년 이상의 징역에 처하는 것 (2023헌바375)

CHAPTER 02 기본권

① 기본권 총론

001 [합헌] 수탁자가 신탁재산을 고유재산으로 하거나 이에 관하여 권리를 취득하는 것을 금지한 구 신탁법 해당 조항은 신탁회사 및 신탁업자의 영업의 자유와 함께 계약의 자유를 각각 제한함으로써 기본권 경합을 야기한다. [24 법행]

| 해설 | 『심판대상조항은 신탁회사 및 신탁업자가 신탁재산을 고유재산으로 하거나 이에 관하여 권리를 취득하는 것을 제한하고 있다. 이러한 제한 내용은 신탁회사 및 신탁업자가 영업활동의 일환으로 신탁재산을 고유재산으로 하거나 이에 관하여 권리를 취득하고자 하는 것을 제한한다는 측면에서는 헌법 제15조의 직업의 자유에 의하여 보장되는 영업의 자유를, 신탁회사 및 신탁업자가 수탁자와 신탁재산을 고유재산으로 하거나 이에 관하여 권리를 취득하는 것을 내용으로 하는 신탁계약 체결을 제한한다는 측면에서는 헌법 제10조의 일반적 행동자유권에서 도출되는 계약의 자유를 각 제한한다고 볼 수 있다. 이와 같이 하나의 규제로 인해 여러 기본권이 동시에 제약을 받는 기본권 경합의 경우에는 기본권 제한을 주장하는 의도 및 입법자의 객관적 동기 등을 참작하여 사안과 가장 밀접한 관계에 있고 침해의 정도가 큰 주된 기본권을 중심으로 해서 제한의 한계를 따져보아야 할 것이다. 심판대상조항의 주된 취지는 신탁회사 및 신탁업자가 신탁재산을 고유재산으로 하거나 이에 관하여 권리를 취득하는 행위 자체를 제한하고자 하는 것이고, 그러한 내용의 신탁계약 체결이 제한되는 것은 이와 같은 영업의 자유가 제한됨으로 인한 부수적인 결과이다. 따라서 이 사건에서는 영업의 자유가 보다 밀접하고 침해의 정도가 더 큰 기본권이라고 할 것이므로 이를 중심으로 침해 여부를 살펴본다』(헌재 2018.3.29. 2016헌바468). (결론은 과잉금지원칙에 위배되지 않아 합헌)

002 주택재개발정비사업조합은 노후·불량한 건축물이 밀집한 지역에서 주거환경을 개선하여 도시의 기능을 정비하고 주거생활의 질을 높여야 할 국가의 의무를 대신하여 실현하는 기능을 수행하고 있으므로 구「도시 및 주거환경정비법」상 주택재개발정비사업조합이 공법인의 지위에서 기본권의 수범자로 기능하면서 행정심판의 피청구인이 된 경우에는 기본권의 주체가 될 수 없다. [23 경찰2차]

| 해설 | 헌재 2022.7.21. 2019헌바543

003 청구인은 의료인이 아니라도 문신시술업을 합법적인 직업으로 영위할 수 있어야 함을 주장하고 있고, 「의료법」조항의 1차적 의도도 보건위생상 위해 가능성이 있는 행위를 규율하고자 하는 경우에는 직업선택의 자유를 중심으로 위헌 여부를 살피는 이상 예술의 자유 침해 여부는 판단하지 아니한다. [23 경찰간부]

| 해설 | 『청구인들은 의료인이 아니더라도 문신시술업을 합법적인 직업으로 영위할 수 있어야 함을 주장하고 있고, 심판대상조항의 일차적 의도도 보건위생상 위해 가능성이 있는 행위를 규율하고자

하는 데 있으며, 심판대상조항에 의한 예술의 자유 또는 표현의 자유의 제한은 문신시술업이라는 직업의 자유에 대한 제한을 매개로 하여 간접적으로 제약되는 것이라 할 것인바, 사안과 가장 밀접하고 침해의 정도가 큰 직업선택의 자유를 중심으로 심판대상조항의 위헌 여부를 살피는 이상 예술의 자유와 표현의 자유 침해 여부에 대하여는 판단하지 아니한다』(헌재 2022.3.31. 2017헌마1343 등).

004 국립대학교 총장임용후보자 선거 시 투표에서 일정 수 이상을 득표한 경우에만 기탁금 전액이나 일부를 후보자에게 반환하고, 반환되지 않은 기탁금은 국립대학교 발전기금에 귀속시키는 기탁금귀속조항에 대해서는 재산권 침해여부를 판단하여야 한다.

| 해 설 | 『이 사건 기탁금귀속조항은 후보자가 사망하거나 제1차 투표에서 유효투표수의 100분의 15 이상을 득표한 경우에는 기탁금 전액을, 제1차 투표에서 유효투표수의 100분의 10 이상 100분의 15 미만을 득표한 경우에는 기탁금 반액을 후보자에게 반환하고, 반환되지 않은 기탁금은 경북대학교 발전기금에 귀속되도록 하고 있다. 이하에서는 이 사건 기탁금귀속조항이 후보자의 재산권을 침해하는지 여부에 대하여 살핀다』(헌재 2022.5.26. 2020헌마1219).

※ 기탁금 액수가 얼마인지에 관한 문제(기탁금납부조항) : 공무담임권 침해 여부 판단
※ 기탁금 전액 또는 반액의 반환기준이 100분의 몇 이상 득표인지에 관한 문제(기탁금귀속조항) : 재산권 침해 여부 판단

기출지문 국립대학교 총장임용후보자 선거 시 투표에서 일정 수 이상을 득표한 경우에만 기탁금 전액이나 일부를 후보자에게 반환하고, 반환되지 않은 기탁금은 국립대학교 발전기금에 귀속시키는 기탁금귀속조항에 대해서는 재산권보다 공무담임권을 중심으로 살핀다. [23 경찰간부] (×)

② 정당제도와 정당의 자유

헌법불합치 「지방의회의원의 후원회지정 금지 사건」

005 국회의원을 후원회지정권자로 정하면서 지방자치법 제2조 제1항 제1호의 '도'의회의원과 같은 항 제2호의 '시'의회의원(지방의회의원)을 후원회지정권자에서 제외하고 있는 정치자금법 제6조 제2호는 평등권을 침해한다.

| 해 설 | 『지방의회의원은 주민의 대표자이자 지방의회의 구성원으로서 주민들의 다양한 의사와 이해관계를 통합하여 지방자치단체의 의사를 형성하는 역할을 하므로, 지방의회의원의 전문성을 확보하고 원활한 의정활동을 지원하기 위해서는 지방의회의원들에게도 후원회를 허용하여 정치자금을 합법적으로 확보할 수 있는 방안을 마련해 줄 필요가 있다. 정치자금법은 후원회의 투명한 운영을 위한 상세한 규정을 두고 있어 지방의회의원의 염결성을 확보할 수 있고, 국회의원과 소요되는 정치자금의 차이도 후원 한도를 제한하는 등의 방법으로 규제할 수 있으므로, 후원회 지정 자체를 금지하는 것은 오히려 지방의회의원의 정치자금 모금을 음성화시킬 우려가 있다. 현재 지방의회의원에게 지급되는 의정활동비 등은 의정활동에 전념하기에 충분하지 않고, 지방의회는 유능한 신인정치인의 유입 통로가 되므로, 지방의회의원에게 후원회를 지정할 수 없도록 하는 것은 경제력을 갖추지 못한 사람의 정치입문을 저해할 수도 있다. 따라서 심판대상조항이 국회의원과 달리 지방의회의원을 후원회지정권자에서 제외하고 있는 것은 불합리한 차별로서 청구인들의 평등권을 침해한다』(헌재 2022.11.24. 2019헌마528 등).

※ 과거 '자치구의 지역구의회의원 선거의 예비후보자'를 후원회지정권자에서 제외한 것은 합리적인 이유가 있어 헌법에 위반되지 않는다는 판례(헌재 2019.12.27. 2018헌마301 등)와 비교할 필요가 있다.

> **변형지문** 선거와 무관하게 후원회를 설치 및 운영할 수 있는 자를 중앙당과 국회의원으로 한정하여 국회의원과 지방의회의원을 달리 취급하는 것은, 불합리한 차별에 해당한다. [23 법무사] (○)
>
> **기출지문** 국회의원을 후원회지정권자로 정하면서「지방자치법」의 '도'의회의원, '시'의회의원을 후원회지정권자에서 제외하고 있는「정치자금법」제6조 제2호는 국회의원과 지방의회의원의 업무의 특성을 고려한 합리적 차별로 평등권을 침해하지 않는다. [23 경찰2차] (×)

기각

006 국회의원이 아닌 정당 소속 당원협의회 위원장을 후원회지정권자에서 제외하고 있는 정치자금법 제6조 제2호는 평등권을 침해하지 않는다.

| 해 설 | 헌재 2022.10.27. 2018헌마972

기각 「복수 당적 보유 금지 사건」

007 "누구든지 2 이상의 정당의 당원이 되지 못한다."라고 규정하여 복수당적보유를 금지하는 있는 정당법 제42조 제2항은 정당의 당원인 청구인들의 정당가입·활동의 자유를 침해한다고 할 수 없다.   [23 경찰2차 · 23 국가7급 · 23 국회8급]

| 해 설 | 헌재 2022.3.31. 2020헌마1729

> **비교조문** 정치자금법 제8조(후원회의 회원) ① 누구든지 자유의사로 하나 또는 둘 이상의 후원회의 회원이 될 수 있다.

기각

008 일반직 공무원에 대하여 정당가입, 후원회가입, 선거운동을 금지하는 것은 헌법에 위반되지 않는다.

| 해 설 | 헌재 2022.10.27. 2019헌마1271

합헌, 기각

009 ① 등록을 정당의 설립요건으로 정한 것과 ② 정당법상 등록된 정당이 아니면 정당이라는 명칭을 사용하지 못하게 하는 정당명칭사용금지조항과 ③ 정당은 수도에 소재하는 중앙당과 5 이상의 특별시·광역시·도에 각각 소재하는 시·도당을 갖추어야 한다고 정한 것과 ④ 시·도당은 1천인 이상의 당원을 가져야 한다고 정한 것은 헌법에 위반되지 않는다.
   [24 경정승진]

| 해 설 | 헌재 2023.9.26. 2021헌가23 등

▶ 지방자치제도

010 기초지방자치단체 A의 자치사무에 대한 광역지방자치단체 B의 감사과정에서 사전에 감사대상으로 특정되지 않은 사항에 관하여 위법사실이 발견된 경우, 당초 특정된 감사대상과 관련성이 있어 함께 감사를 진행해도 기초지방자치단체 A가 절차적인 불이익을 받을 우려가 없고, 해당 감사대상을 적발하기 위한 목적으로 감사가 진행된 것으로 볼 수 없는 사항에 대하여는 감사대상의 확장 내지 추가가 허용된다. [23 경찰간부·23 국가7급]

| 해 설 | 『지방자치단체의 자치사무에 대한 무분별한 감사권의 행사는 헌법상 보장된 지방자치권을 침해할 가능성이 크므로, 원칙적으로 감사 과정에서 사전에 감사대상으로 특정되지 아니한 사항에 관하여 위법사실이 발견되었다고 하더라도 감사대상을 확장하거나 추가하는 것은 허용되지 않는다. 다만, 자치사무의 합법성 통제라는 감사의 목적이나 감사의 효율성 측면을 고려할 때, 당초 특정된 감사대상과 관련성이 인정되는 것으로서 당해 절차에서 함께 감사를 진행하더라도 감사대상 지방자치단체가 절차적인 불이익을 받을 우려가 없고, 해당 감사대상을 적발하기 위한 목적으로 감사가 진행된 것으로 볼 수 없는 사항에 대하여는 감사대상의 확장 내지 추가가 허용된다.』(헌재 2023.3.23. 2020헌라5).

011 광역지방자치단체가 자치사무에 대한 감사에 착수하기 위해서는 감사대상을 특정하여야 하나, 특정된 감사대상을 사전에 통보할 것까지 요구된다고 볼 수는 없다.

| 해 설 | 『광역지방자치단체가 기초지방자치단체의 자치사무에 대한 감사에 착수하기 위해서는 감사대상을 특정하여야 하나, 이에 더하여 감사대상 지방자치단체에게 특정된 감사대상을 사전에 통보할 것까지 요구된다고 볼 수는 없다. 따라서 피청구인이 이 사건 조사개시 통보를 하면서 내부적으로 특정한 감사대상을 통보하지 않았다고 하더라도, 그러한 사정만으로는 이 사건 감사가 위법하다고 할 수 없다.』(헌재 2023.3.23. 2020헌라5).

> **기출지문** 광역지방자치단체 B가 기초자치단체 A의 자치사무에 대한 감사에 착수하기 위해서는 감사대상을 특정하고, 특정된 감사대상을 A에게 사전 통보해야 한다. [23 경찰간부·23 국가7급] (×)

012 개정된 구 「지방자치법」의 취지와 공유수면과 매립지의 성질상 차이 등을 종합하여 볼 때, 신생 매립지는 구 「지방자치법」 제4조 제3항에 따라 같은 조 제1항이 처음부터 배제되어 종전의 관할구역과의 연관성이 단절되고, 행정자치부장관의 결정이 확정됨으로써 비로소 관할 지방자치단체가 정해지며, 그 전까지 해당 매립지는 어느 지방자치단체에도 속하지 않는다. [24 국가7급]

| 해 설 | 『개정된 구 지방자치법의 취지 및 공유수면과 공유수면 매립지의 성질상 차이 등을 종합하여 볼 때, 새로 만들어진 공유수면 매립지는 구 지방자치법 제4조 제3항에 따라 같은 조 제1항이 처음부터 배제되어 종전의 관할구역과의 연관성이 단절되고, 행정자치부장관의 결정이 확정됨으로써 비로소 관할 지방자치단체가 정해지며, 그 전까지 해당 매립지는 어느 지방자치단체에도 속하지 않는다. 이와 같이 행정자치부장관이 공유수면 매립지를 관할하는 지방자치단체를 결정하기 전까지 관련 지방자치단체는 해당 공유수면 매립지에 대하여 어떠한 자치권한도 보유하고 있지 않으므로,

심판대상조항(행정자치부장관이 공유수면 매립지의 관할 지방자치단체를 결정하도록 하는 구 지방자치법 제4조 제3항)이 지방자치단체의 지방자치권을 침해한다고 볼 수 없고, 아울러 심판대상조항이 공유수면 매립지에 대한 관할 지방자치단체를 결정하는 실질적 기준을 정하지 않은 것이 법률유보원칙에 위반된다고 볼 수도 없다』(헌재 2024.3.28. 2021헌바57).

③ 포괄적 기본권

▶ **헌법 제10조 : 인간의 존엄과 가치 · 행복추구권**

위헌

013 누구든지 금융회사 등에 종사하는 자에게 타인의 금융거래 관련 정보를 요구하는 것을 금지하고 이를 처벌조항으로 강제하는 것은 과잉금지원칙에 위배되어 일반적 행동자유권을 침해한 것이다.

[23 경찰간부 · 23 법행 · 23 국회8급]

| 해 설 | 『심판대상조항은 금융거래정보의 제공요구행위 자체만으로 형사처벌의 대상으로 삼고 있으나, 제공요구행위에 사회적으로 비난받을 행위가 수반되지 않거나, 금융거래의 비밀 보장에 실질적인 위협이 되지 않는 행위도 충분히 있을 수 있고, 명의인의 동의를 받을 수 없는 상황에서 타인의 금융거래정보가 필요하여 금융기관 종사자에게 그 제공을 요구하는 경우가 있을 수 있는 등 금융거래정보 제공요구행위는 구체적인 사안에 따라 죄질과 책임을 달리한다고 할 것임에도, 심판대상조항은 정보제공요구의 사유나 경위, 행위 태양, 요구한 거래정보의 내용 등을 전혀 고려하지 아니하고 일률적으로 금지하고, 그 위반 시 형사처벌을 하도록 하고 있다. 따라서 심판대상조항은 과잉금지원칙에 반하여 일반적 행동자유권을 침해한다』(헌재 2022.2.24. 2020헌가5).

위헌

014 임신 32주 이전에 태아의 성별을 고지하는 것을 금지하는 의료법 해당 조항은 낙태로 나아갈 의도가 없는 부모까지 규제하여 기본권을 제한하는 과도한 입법으로 일반적 인격권으로부터 나오는 부모가 태아의 성별 정보에 대한 접근을 방해받지 않을 권리를 침해한다.

[24 법원9급 · 24 법무사]

| 해 설 | 『심판대상조항은 성별을 이유로 한 낙태를 방지함으로써 성비의 불균형을 해소하고 태아의 생명을 보호하기 위해 입법된 것으로 목적의 정당성이 인정된다. 그러나 남아선호사상이 확연히 쇠퇴하고 있고, 심판대상조항이 사문화되었음에도 불구하고 출생성비가 자연성비의 정상범위 내이므로, 심판대상조항은 더 이상 태아의 성별을 이유로 한 낙태를 방지하기 위한 목적을 달성하는 데에 적합하고 실효성 있는 수단이라고 보기 어렵고, 입법수단으로서도 현저하게 불합리하고 불공정하다. 태아의 생명 보호를 위해 국가가 개입하여 규제해야 할 단계는 성별고지가 아니라 낙태행위인데, 심판대상조항은 낙태로 나아갈 의도가 없는 부모까지 규제하여 기본권을 제한하는 과도한 입법으로 침해의 최소성에 반하고, 법익의 균형성도 상실하였다. 따라서 심판대상조항은 과잉금지원칙을 위반하여 부모가 태아의 성별 정보에 대한 접근을 방해받지 않을 권리를 침해한다』(헌재 2024.2.28. 2022헌마356 등).　　　　　　　　　　　　　　　　　　　　　(목 ○ 수 × 해 × 법 ×)

> **기출지문** 태아의 성별고지 행위는 그 자체로 태아를 포함하여 누구에게도 해가 되는 행위가 아니지만, 보다 풍요롭고 행복한 가족생활을 영위하도록 하기 위해 진료과정에서 알게 된 태아에 대한 성별정보는 낙태방지를 위하여 임신 32주 이전에는 고지하지 못하도록 금지하여야 할 이유가 있다. [24 경찰2차]　(×)

「민식이법 사건」

기각

015 어린이 보호구역에서 제한속도 준수의무 또는 안전운전의무를 위반하여 어린이를 상해에 이르게 한 경우 1년 이상 15년 이하의 징역 또는 500만 원 이상 3천만 원 이하의 벌금에, 사망에 이르게 한 경우 무기 또는 3년 이상의 징역에 처하도록 규정한 '특정범죄 가중처벌 등에 관한 법률' 제5조의13 규정은 일반적 행동자유권을 침해하지 않는다.

| 해 설 | 『어린이 보호구역에서 제한속도 준수의무 또는 안전운전의무를 위반하여 어린이를 상해에 이르게 한 경우 1년 이상 15년 이하의 징역 또는 500만 원 이상 3천만 원 이하의 벌금에, 사망에 이르게 한 경우 무기 또는 3년 이상의 징역에 처하도록 규정한 '특정범죄 가중처벌 등에 관한 법률' 제5조의13은 명확성원칙에 위반되지 않고, 일반적 행동자유권을 제한하지만 침해하지 않는다.』(헌재 2023.3.23. 2020헌마460 등).

기출지문 어린이보호구역에서 제한속도 준수의무 또는 안전운전 의무를 위반하여 어린이를 상해에 이르게 한 경우 가중처벌하는 「특정범죄 가중처벌 등에 관한 법률」상 조항은 과잉금지원칙에 위반되어 청구인들의 일반적 행동자유권을 침해한다. [23 경찰간부] (×)

합헌

016 도로교통법 제44조 제1항(이하 '음주운전 금지규정'이라 한다)을 위반하여 자동차를 운전한 사람이 다시 음주운전 금지규정을 위반하여 자동차를 운전해서 운전면허 정지사유에 해당된 경우 필요적으로 그의 운전면허를 취소하도록 하는 도로교통법 관련규정들은 일반적 행동자유권과 직업의 자유를 제한하지만 침해하지 않고, 평등원칙에 위반되지 않는다.

| 해 설 | 헌재 2023.6.29. 2020헌바182 등

※ 윤창호법과 다른 판례이다. 윤창호법은 가중처벌의 형이 너무 지나치지 않은가에 관한 쟁점이고 위 규정은 음주운전 금지규정 2번 위반시 '운전면허를 취소'하는 쟁점이다.

합헌

017 거짓이나 그 밖의 부정한 방법으로 보조금을 교부받거나 보조금을 유용하여 어린이집 운영정지, 폐쇄명령 또는 과징금 처분을 받은 어린이집에 대하여 그 위반사실을 공표하도록 한 것은 인격권과 개인정보자기결정권을 침해하지 않는다. [22 지방7급]

| 해 설 | 2022.3.31. 2019헌바520

「인체면역결핍바이러스(HIV) 전파매개행위죄 사건」

합헌

018 인체면역결핍 바이러스에 감염된 사람이 혈액 또는 체액을 통하여 다른 사람에게 전파매개행위를 하는 것을 금지하고 이를 위반한 경우를 3년 이하의 징역형으로 처벌한다고 규정한 '후천성면역결핍증 예방법' 규정들은 인체면역결핍 바이러스 감염인의 사생활의 비밀과 자유 및 일반적 행동자유권을 제한하지만 침해하지는 않는다.

| 해 설 | 『인체면역결핍 바이러스에 감염된 사람이 혈액 또는 체액을 통하여 다른 사람에게 전파매개행위를 하는 것을 금지하고 이를 위반한 경우를 3년 이하의 징역형으로 처벌한다고 규정한 '후천성면역결핍증 예방법' 관련조항은 인체면역결핍 바이러스 감염인의 사생활의 비밀과 자유 및 일반적 행동자유권을 제한하지만 침해하지는 않는다.』(헌재 2023.10.26. 2019헌가30).

※ 심판대상조항은 명확성원칙에도 위배되지 않는다.

> **기출지문** 의료인이 처방한 치료법을 성실히 이행하는 인체면역결핍 바이러스 감염인의 경우 콘돔 사용 등의 예방조치 없이도 전파매개행위를 통해 타인을 바이러스에 감염시킬 가능성이 없음은 의·과학적으로 인정되는 사실인바, 이러한 경우도 금지 및 처벌의 대상으로 삼는 것은 입법목적 달성에 필요한 정도를 넘어서는 과도한 국가형벌권의 행사이다. [24 법행] (×)
>
> **기출지문** 인체면역결핍 바이러스에 감염된 사람이 혈액 또는 체액을 통하여 다른 사람에게 전파매개행위를 하는 것을 처벌하는 「후천성면역결핍증예방법」 조항은, 감염인 중에서도 의료인의 처방에 따른 치료법을 성실히 이행하는 감염인의 전파매개행위까지도 예외 없이 처벌함으로써 이들의 사생활의 자유를 침해한다. [24 경찰간부] (×)

019 [기각]

단기법무장교의 의무복무기간을 장교에 임용된 날부터 기산하도록 한 것은 청구인들의 일반적 행동자유권을 제한하지만 침해하지 않고, 현역병, 승선근무예비역, 사회복무요원, 예술·체육요원, 전문연구요원, 산업기능요원으로 복무하게 된 사람과 비교하여 평등권을 침해하지 않는다.

| 해설 | 헌재 2024.3.28. 2020헌마1401 등

판례정리 헌법 제10조 관련 합헌판례 문구 모음

① 이동통신사업자가 제공하는 전기통신역무를 타인의 통신용으로 제공하는 것을 원칙적으로 금지하고 위반 시에는 형사처벌하는 것은 일반적 행동자유권을 침해하지 않는다. (2019헌가14) [24 경정승진]
② 국민으로 하여금 건강보험에 의무적으로 가입하도록 한 것은 일반적 행동자유권과 재산권을 침해하지 않는다. (2019헌바212)
③ 못된 장난 등으로 다른 사람, 단체 또는 공무수행중인 자의 업무를 방해한 사람을 20만 원 이하의 벌금, 구류 또는 과료로 처벌하는 것은 일반적 행동자유권을 침해하지 않는다. (2021헌마426)
④ 이자제한법에서 정한 최고이자율을 초과하여 이자를 받은 자를 1년 이하의 징역 또는 1천만 원 이하의 벌금에 처하도록 한 것은 계약의 자유를 제한하지만 침해하지 않는다. (2022헌바22)
⑤ 관세법상 물품을 반송하려면 세관장에게 신고하도록 하는 것과 미신고 반송행위를 처벌하는 것은 일반적 행동자유권을 제한하지만 침해하지 않는다. (2020헌바177 등) [24 경찰1차·24 법행]
⑥ 13세 이상 16세 미만의 사람에 대하여 간음 또는 추행을 한 19세 이상의 자를 강간죄, 유사강간죄, 강제추행죄의 예에 따라 처벌하도록 한 '16세 미만 미성년자 의제강간죄'규정은 성적 자기결정권 및 사생활의 비밀과 자유를 제한하지만 침해하지 않는다. (2022헌바106 등)

▶ 평등권

020 [헌법불합치] 「초과구금에 대한 형사보상을 규정하지 않은 형사보상법 사건」

원판결의 근거가 된 가중처벌규정에 대하여 헌법재판소의 위헌결정이 있었음을 이유로 개시된 재심절차에서, 공소장의 교환적 변경을 통해 위헌결정된 가중처벌규정보다 법정형이 가벼운 처벌규정으로 적용법조가 변경되어 피고인이 무죄판결을 받지는 않았으나 원판결보다 가벼운 형으로 유죄판결이 확정됨에 따라 원판결에 따른 구금형 집행이 재심판결에서 선고된 형을 초과하게 된 경우, 재심판결에서 선고된 형을 초과하여 집행된 구금에 대하여 보상요건을 규정하지 아니한 '형사보상 및 명예회복에 관한 법률' 제26조 제1항은 평등원칙을 위반하여 청구인들의 평등권을 침해한다.

| 해 설 | 『형사사법기관이 피고인을 위한 비상구제절차인 재심절차에 이르러 공소장의 교환적 변경 등을 통해 무죄재판을 피하였다고 하더라도, 피고인이 그러한 형사사법절차 속에서 이미 신체의 자유에 관한 중대한 피해를 입었다면, 피고인 개인으로 하여금 그 피해를 부담하도록 하는 것은 헌법상 형사보상청구권의 취지에 어긋난다. 결과적으로 부당한 구금으로 이미 피고인의 신체의 자유에 관한 중대한 피해가 발생한 이상, 공소장의 교환적 변경을 통하여 무죄재판을 피하였다는 사정은 피고인에 대한 형사보상청구권 인정 여부를 달리할 합리적인 근거가 될 수 없다. 그럼에도 불구하고 심판대상조항이 이 사건에서 문제되는 경우를 형사보상 대상으로 규정하지 아니한 것은 현저히 자의적인 차별로서 평등원칙을 위반하여 청구인들의 평등권을 침해한다』(헌재 2022.2.24. 2018헌마998 등).

※ 심사기준은 자의금지원칙 적용됨.

변형지문 헌법 제28조는 '불기소처분을 받거나 무죄판결을 받은 때' 구금에 대한 형사보상을 청구할 수 있는 권리를 헌법상 기본권으로 명시하고 있으므로, 외형상 형식상으로 무죄재판이 없었다면 형사사법절차에 내재하는 불가피한 위험으로 인하여 국민의 신체의 자유에 관한 피해가 발생하였다 하더라도 형사보상청구권을 인정할 수 없다. [23 경찰간부·23 경정승진] (×)

위헌
021 국가를 상대로 하는 당사자소송의 경우에는 가집행선고를 할 수 없다고 규정한 행정소송법 제43조는 평등원칙에 위배되지 않는다.

| 해 설 | 『심판대상조항은 재산권의 청구에 관한 당사자소송 중에서도 피고가 공공단체 그 밖의 권리주체인 경우와 국가인 경우를 다르게 취급한다. 가집행의 선고는 불필요한 상소권의 남용을 억제하고 신속한 권리실행을 하게 함으로써 국민의 재산권과 신속한 재판을 받을 권리를 보장하기 위한 제도이고, 당사자소송 중에는 사실상 같은 법률조항에 의하여 형성된 공법상 법률관계라도 당사자를 달리 하는 경우가 있다. 동일한 성격인 공법상 금전지급 청구소송임에도 피고가 누구인지에 따라 가집행선고를 할 수 있는지 여부가 달라진다면 상대방 소송 당사자인 원고로 하여금 불합리한 차별을 받도록 하는 결과가 된다. 재산권의 청구가 공법상 법률관계를 전제로 한다는 점만으로 국가를 상대로 하는 당사자소송에서 국가를 우대할 합리적인 이유가 있다고 할 수 없고, 집행가능성 여부에 있어서도 국가와 지방자치단체 등이 실질적인 차이가 있다고 보기 어렵다는 점에서, 심판대상조항은 국가가 당사자소송의 피고인 경우 가집행의 선고를 제한하여, 국가가 아닌 공공단체 그 밖의 권리주체가 피고인 경우에 비하여 합리적인 이유 없이 차별하고 있으므로 평등원칙에 반한다』(헌재 2022.2.24. 2020헌가12).

※ 심사기준은 자의금지원칙 적용됨.

기출지문 국가를 상대로 하는 당사자소송의 경우에는 가집행선고를 할 수 없다고 규정한 「행정소송법」 제43조는 공법상 법률관계를 전제로 한다는 점에서 일반 사법상 법률관계와 달리 취급할 합리적 이유가 있으므로 평등원칙에 위배되지 아니한다. [22 경찰2차·22 국회8급·22 법무사] (×)

위헌
022 구「건설근로자의 고용개선 등에 관한 법률」 제14조 제2항 중 구「산업재해보상보험법」 제63조 제1항 가운데 '그 근로자가 사망할 당시 대한민국 국민이 아닌 자로서 외국에서 거주하고 있던 유족은 제외한다.'를 준용하는 부분은 합리적 이유 없이 외국거주 외국인 유족을 대한민국 국민인 유족 및 국내거주 외국인 유족과 차별하는 것으로 평등원칙에 위반된다. [23 경찰2차]

| 해 설 | 『외국거주 외국인유족에게 퇴직공제금을 지급하더라도 국가 및 사업주의 재정에 영향을 미치거나 건설근로자공제회의 재원 확보 및 퇴직공제금 지급 업무에 특별한 어려움이 초래될 일도 없으므로 외국거주 외국인유족을 퇴직공제금을 지급받을 유족의 범위에서 제외할 이유가 없다는 점 등을 종합하면, 심판대상조항은 합리적 이유 없이 외국거주 외국인유족을 대한민국 국민인 유족 및 국내거주 외국인유족과 차별하는 것이므로 평등원칙에 위반된다』(헌재 2023.3.23. 2020헌바471).
※ 심사기준은 자의금지원칙 적용됨.

023 [헌법불합치] 「장애인 특별교통수단 사건」

특별교통수단에 있어 표준휠체어만을 기준으로 휠체어 고정설비의 안전기준을 정하고 있는 것은 합리적 이유 없이 표준휠체어를 이용할 수 있는 장애인과 표준휠체어를 이용할 수 없는 장애인을 달리 취급하여 평등권을 침해한다.

| 해 설 | 『심판대상조항은 교통약자의 이동편의를 위한 특별교통수단에 표준휠체어만을 기준으로 휠체어 고정설비의 안전기준을 정하고 있어 표준휠체어를 사용할 수 없는 장애인은 안전기준에 따른 특별교통수단을 이용할 수 없게 된다. 그런데 표준휠체어를 이용할 수 없는 장애인은 장애의 정도가 심하여 특수한 설비가 갖춰진 차량이 아니고서는 사실상 이동이 불가능하다. 그럼에도 불구하고 표준휠체어를 이용할 수 없는 장애인에 대한 고려 없이 표준휠체어만을 기준으로 고정설비의 안전기준을 정하는 것은 불합리하고, 특별교통수단에 장착되는 휠체어 탑승설비 연구·개발사업 등을 추진할 국가의 의무를 제대로 이행한 것이라 보기도 어렵다. 누워서 이동할 수밖에 없는 장애인을 위한 휠체어 고정설비 안전기준 등을 별도로 규정한다고 하여 국가의 재정적 부담이 심해진다고 볼 수도 없다. 제4차 교통약자 이동편의 증진계획이 표준휠체어를 사용할 수 없는 장애인을 위한 특별교통수단의 도입 등을 계획하고 있기는 하나, 일부 지방자치단체에서 침대형 휠체어가 탑승할 수 있는 특수형 구조차량을 운행하였다가 침대형 휠체어 고정장치에 대한 안전기준이 없어 운행을 중단한 점에서 볼 수 있듯이 그 안전기준의 제정이 시급하므로 위와 같은 계획이 있다는 사정만으로 안전기준 제정 지연을 정당화하기 어렵다』(헌재 2023.5.25. 2019헌마1234).
※ 심사기준은 자의금지원칙 적용됨.

024 [위헌]

구 「군사법원법」상 비용보상청구권의 제척기간을 무죄판결이 확정된 날부터 6개월 이내로 규정한 것은 헌법에 위반된다. [24 법원직9급]

| 해 설 | 헌재 2023.8.31. 2020헌바252 결정의 수험적 정리
1. 비용보상청구권은 구금되었음을 전제로 하여 구금된 기간에 대해 보상하는 형사보상청구권과는 달리 변호사 보수나 재판 과정에서 지출된 여비 등을 보장하는 제도이다.
2. 헌법재판소는 헌법 제28조에 규정된 형사보상청구권은 헌법상 기본권이지만 비용보상청구권은 법률상 권리에 불과하다고 보았다(헌재 2012.3.29. 2011헌바19).
3. 「형사보상법」상의 비용보상청구권의 제척기간은 6개월이었으나, 이를 6개월로 정한 것이 헌법에 위반되지 않는다는 선례가 있었다(헌재 2015.4.30. 2014헌바408). 합헌결정이 되었지만 이후 '무죄판결이 확정된 사실을 안 날로부터 3년, 무죄판결이 확정된 때부터 5년 이내'로 법률이 개정되었다.
4. 이번에 문제된 쟁점은 「군사법원법」상의 비용보상청구권의 제척기간이 6개월로 규정되어 있는 것이었다. 이에 대해 4인의 재판관은 '재판청구권 및 재산권 침해'로 위헌의견을, 4인은 '평등권' 침해로 위헌 의견을, 1인은 '평등권' 침해로 헌법불합치 의견을 냈다. 그래서 수험적으로는 이 판례가 '헌법에 위반된다.'라고 풀면 되고 혹시나 어떤 기본권이 침해되었는지를 묻는다면 9인 중 5인이 평등권 침해라고 하였으니 평등권 침해로 풀면 된다.

025 [헌법불합치]

내국인등과 달리 보험료 납부단위인 '세대'의 인정범위를 가입자와 그의 배우자 및 미성년 자녀로 한정한 것은 외국인들의 평등권을 침해하지 않지만, 내국인등과 달리 보험료를 체납한 경우에는 다음 달부터 곧바로 보험급여를 제한하는 것은 외국인들의 평등권을 침해한다.

|해 설| 『외국인 지역가입자에 대한 보험급여 제한을 내국인등과 달리 실시하는 것 자체는 합리적인 이유가 있는 차별이나, 보험급여제한 조항은 다음과 같은 점에서 합리적인 수준을 현저히 벗어난다. 보험급여제한 조항은 외국인의 경우 보험료의 1회 체납만으로도 별도의 공단 처분 없이 곧바로 그 다음 달부터 보험급여를 제한하도록 규정하고 있으므로, 보험료가 체납되었다는 통지도 실시되지 않는다. 그러나 절차적으로 보험료 체납을 통지하는 것은 당사자로 하여금 착오를 시정할 수 있도록 하거나 잘못된 보험료 부과 또는 보험급여제한처분에 불복할 기회를 부여하는 것이기 때문에, 이를 통지하지 않는 것은 정당화될 수 없는 차별이다』(헌재 2023.9.26. 2019헌마1165).

[기출지문] 내국인등 지역가입자와 달리 외국인 지역가입자가 보험료를 체납한 경우에는 다음 달부터 곧바로 보험급여를 제한하는 「국민건강보험법」 조항은, 외국인 지역가입자에 대하여 체납횟수와 경제적 사정 등을 전혀 고려하지 않고 예외 없이 1회의 보험료 체납사실만으로도 보험급여를 제한하고 있어 외국인 지역가입자의 평등권을 합리적 이유 없이 침해한다. [24 지방7급] (○)

026 [인용(위헌확인)] 「난민인정자 긴급재난지원금 지급대상 제외 사건」

외국인만으로 구성된 가구 중 영주권자 및 결혼이민자만을 긴급재난지원금 지급대상에 포함시키고 난민인정자를 제외한 것은 난민인정자인 청구인의 평등권을 침해한다.

|해 설| 『[1] 이 사건 처리기준은 외국인 중 영주권자 및 결혼이민자를 긴급재난지원금 지급대상에 포함시키면서 난민인정자는 그 대상에서 제외하고 있는바, 이와 같은 외국인 사이의 차별 취급이 평등권 침해인지 여부가 문제되는 사안이므로 기본권의 성질상 제한을 받는다거나 상호주의가 문제되는 경우가 아니어서, 청구인은 이 사건에서 기본권 주체성이 인정될 수 있다.
[2] 청구인은 심판대상조항이 난민인정자인 청구인의 인간다운 생활을 할 권리도 침해한다는 주장을 하고 있으나 이는 결국 영주권자 및 결혼이민자에 대해서는 재난지원금을 지급하면서 난민인정자에 대해서는 이를 지급하지 않는 것이 현저히 불합리하다는 주장과 다르지 아니하므로, 평등권 침해 여부를 판단하는 이상 이에 관하여는 따로 판단하지 아니한다.
[3] 긴급재난지원금은 일회적이고 시혜적인 성격의 지원금인바, 이와 같은 종류의 국가의 지원금 정책은 그 지원 정책의 취지, 재정 부담, 행정적 이유 등 여러 가지 사유를 종합하여 국내에 거주하는 사람 중 일부를 대상으로 하여 행해질 수 있으며, 이와 같이 지원금 정책의 적용대상 범위를 정하는 문제는 국가에게 광범위한 재량이 허용되는 영역이라 할 수 있다』(헌재 2024.3.28. 2020헌마1079).
※ 자의금지원칙 적용됨

027 [헌법불합치]

헌법불합치결정에 따라 실질적인 혼인관계가 존재하지 아니한 기간을 제외하고 분할연금을 산정하도록 개정된 국민연금법 조항을 개정법 시행 후 최초로 분할연금 지급사유가 발생한 경우부터 적용하도록 하는 것은 평등원칙에 위반된다.

|해 설| 『실질적인 혼인관계가 해소되어 분할연금의 기초가 되는 노령연금 수급권 형성에 아무런 기여가 없는 경우에는 노령연금 분할을 청구할 전제를 갖추지 못한 것으로 볼 수 있다는 점에서 분

할연금 지급 사유 발생 시점이 신법 조항 시행일 전인 경우와 후인 경우 사이에 아무런 차이가 없으므로, 분할연금 지급 사유 발생시점이 신법 조항 시행일 전·후인지와 같은 우연한 사정을 기준으로 달리 취급하는 것은 합리적인 이유를 찾기 어렵다. 따라서 심판대상조항은 평등원칙에 위반된다』(헌재 2024.5.30. 2019헌가29).

※ 자의금지원칙 적용됨

> **기출지문** 헌법불합치결정에 따라 실질적인 혼인관계가 존재하지 아니한 기간을 제외하고 분할연금을 산정하도록 개정된「국민연금법」조항을 개정법 시행 후 최초로 분할연금 지급사유가 발생한 경우부터 적용하도록 하는「국민연금법」부칙 제2조가 분할연금 지급 사유 발생시점이 신법 조항 시행일 전·후인지와 같은 우연한 사정을 기준으로 달리 취급하는 것은 합리적인 이유를 찾기 어렵다. [24 경찰간부] (○)

헌법불합치

028 내국인등과 달리 보험료 납부단위인 '세대'의 인정범위를 가입자와 그의 배우자 및 미성년 자녀로 한정한 것은 외국인들의 평등권을 침해하지 않지만, 내국인등과 달리 보험료를 체납한 경우에는 다음 달부터 곧바로 보험급여를 제한하는 것은 외국인들의 평등권을 침해한다.

| 해 설 | 『외국인 지역가입자에 대한 보험급여 제한을 내국인등과 달리 실시하는 것 자체는 합리적인 이유가 있는 차별이나, 보험급여제한 조항은 다음과 같은 점에서 합리적인 수준을 현저히 벗어난다. 보험급여제한 조항은 외국인의 경우 보험료의 1회 체납만으로도 별도의 공단 처분 없이 곧바로 그 다음 달부터 보험급여를 제한하도록 규정하고 있으므로, 보험료가 체납되었다는 통지도 실시되지 않는다. 그러나 절차적으로 보험료 체납을 통지하는 것은 당사자로 하여금 착오를 시정할 수 있도록 하거나 잘못된 보험료 부과 또는 보험급여제한처분에 불복할 기회를 부여하는 것이기 때문에, 이를 통지하지 않는 것은 정당화될 수 없는 차별이다』(헌재 2023.9.26. 2019헌마1165).

※ 자의금지원칙 적용됨

합헌

029 '가구 내 고용활동'에 대해서는「근로자퇴직급여 보장법」을 적용하지 않도록 규정한 같은 법 제3조 단서 중 '가구 내 고용 활동' 부분은 합리적 이유가 있는 차별로서 평등원칙에 위배되지 아니한다. [23 경찰간부]

| 해 설 | 『가사사용인도 근로자에 해당하지만, 제공하는 근로가 가정이라는 사적 공간에서 이루어지는 특수성이 있다. 가구 내 고용활동에 대하여 다른 사업장과 동일하게 퇴직급여법을 적용할 경우 이용자 및 이용자 가족의 사생활을 침해할 우려가 있음은 물론 국가의 관리 감독이 제대로 이루어지기도 어렵다. 이를 종합하면 심판대상조항이 가사사용인을 일반 근로자와 달리 퇴직급여법의 적용범위에서 배제하고 있다 하더라도 합리적 이유가 있는 차별로서 평등원칙에 위배되지 아니한다』(헌재 2022.10.27. 2019헌바454).

기각

030 건국포장 수훈 애국지사에 비하여 4·19혁명공로자에게 지급되는 보훈급여가 적게 규정된 것은 4·19혁명공로자를 합리적 이유 없이 차별 취급하여 평등권을 침해하지는 않는다.

| 해 설 | 『국가유공자나 그 가족에 대한 보상은 국가유공자의 희생과 공헌의 정도에 따른다. 4·19혁명공로자와 건국포장을 받은 애국지사는 활동기간의 장단(長短), 활동 당시의 시대적 상황, 국권

이 침탈되었는지 여부, 인신의 자유 제약 정도, 입은 피해의 정도, 기회비용 면에서 차이가 있다. 이와 같은 점을 고려하면, 입법자가 4·19혁명공로자의 희생과 공헌의 정도를 건국포장을 받은 애국지사와 달리 평가하여 이 사건 법률조항에서 4·19혁명공로자에 대한 보훈급여의 종류를 수당으로 정하고, 이 사건 시행령조항에서 보훈급여의 지급금액을 애국지사보다 적게 규정한 것이 합리적인 이유 없는 차별이라 할 수 없다』(헌재 2022.2.24. 2019헌마883).

> **기출지문** 3·1운동의 정신과 4·19민주이념이 헌법 전문에 함께 규정되어 있는 점을 감안하여 보면, 4·19혁명공로자에 대한 보훈 수준은 애국지사와 동일하게 설정되어야 한다. [22 법무사] (×)

기각

031 현역병, 지원에 의하지 아니하고 임용된 부사관, 방위, 상근예비역, 보충역 등의 복무기간과는 달리 사관생도의 사관학교 교육기간을 연금 산정의 기초가 되는 군 복무기간으로 산입할 수 있도록 규정하지 아니한 것은 평등권을 침해하지 않는다. [23 경찰간부]

| 해 설 | 『사관생도의 사관학교 교육기간을 현역병 등의 복무기간과 달리 연금 산정의 기초가 되는 군 복무기간으로 산입할 수 있도록 규정하지 아니한 구 「군인연금법」상 조항은 현저히 자의적인 차별이라고 볼 수 없다』(헌재 2022.6.30. 2019헌마150).

합헌 「공직선거법상 장기 공소시효 사건」

032 공무원이 지위를 이용하여 범한 공직선거법위반죄에 대하여 일반인이 범한 공직선거법위반죄와 달리 해당 선거일 후 10년으로 공소시효를 정한 공직선거법 규정은 합리적인 이유 있는 차별로서 평등원칙에 위반되지 않는다. [23 법무사]

| 해 설 | 헌재 2022.8.31. 2018헌바440

기각

033 사회복무요원에게 현역병의 봉급에 해당하는 보수를 지급하도록 하고, 사회복무요원에게 교통비, 중식비의 실비를 지급하도록 정한 것은 평등권을 침해하지 않는다. [23 경찰2차]

| 해 설 | 헌재 2022.9.29. 2019헌마535

기각

034 국공립어린이집, 사회복지법인어린이집, 법인·단체등어린이집 등과 달리 민간어린이집에는 보육교직원 인건비를 지원하지 않는 '2020년도 보육사업안내(2020.1.10. 보건복지부지침)' 상 조항은 합리적 근거 없이 민간어린이집을 운영하는 청구인을 차별하여 청구인의 평등권을 침해한다. [23 경찰간부] (×)

| 해 설 | 『이와 같은 어린이집에 대한 이원적 지원 체계는 기존의 민간어린이집을 공적 보육체계에 포섭하면서도 나머지 민간어린이집은 기관보육료를 지원하여 보육의 공공성을 확대하는 방향으로 단계적 개선을 이루어나가고 있다. 이상을 종합하여 보면, 심판대상조항이 합리적 근거 없이 민간어린이집을 운영하는 청구인을 차별하여 청구인의 평등권을 침해하였다고 볼 수 없다』(헌재 2022.2.24. 2020헌마177).

[합헌]

035 국립묘지 안장 대상자의 사망 당시의 배우자가 재혼한 경우에는 국립묘지에 안장된 안장 대상자와 합장할 수 없도록 규정한 '국립묘지의 설치 및 운영에 관한 법률' 관련규정은 평등원칙에 위배되지 않는다.

| 해 설 | 『안장 대상자의 사망 후 재혼하지 않은 배우자나 배우자 사망 후 안장 대상자가 재혼한 경우의 종전 배우자는 자신이 사망할 때까지 안장 대상자의 배우자로서의 실체를 유지하였다는 점에서 합장을 허용하는 것이 국가와 사회를 위하여 헌신하고 희생한 안장 대상자의 충의와 위훈의 정신을 기리고자 하는 국립묘지 안장의 취지에 부합하고, 안장 대상자의 사망 후 그 배우자가 재혼을 통하여 새로운 가족관계를 형성한 경우에 그를 안장 대상자와의 합장 대상에서 제외하는 것은 합리적인 이유가 있다. 따라서 심판대상조항은 평등원칙에 위배되지 않는다』(헌재 2022.11.24. 2020헌바463).

기출지문 국립묘지 안장 대상자의 사망 당시의 배우자가 재혼한 경우에는 국립묘지에 안장된 안장대상자와 합장할 수 없도록 규정한 「국립묘지의 설치 및 운영에 관한 법률」상 조항은 재혼한 배우자를 불합리하게 차별한 것으로 평등원칙에 위배된다. [23 경찰간부] (×)

[합헌]

036 국군포로로서 억류기간 동안의 보수를 지급받을 권리를 국내로 귀환하여 등록절차를 거친 자에게만 인정하는 「국군포로의 송환 및 대우 등에 관한 법률」 제9조 제1항은 귀환하지 않은 국군포로를 합리적 이유없이 차별한 것이라 볼 수 없어 평등원칙에 위배되지 않는다.

[23 경찰2차]

| 해 설 | 『국군포로의 신원, 귀환동기, 억류기간 중의 행적을 확인하여 등록 및 등급을 부여하는 것은 국군포로가 국가를 위하여 겪은 희생을 위로하고 국민의 애국정신을 함양한다는 국군포로송환법의 취지에 비추어 볼 때 보수를 지급하기 위해 선행되어야 할 필수적인 절차이다. 귀환하지 못한 국군포로의 경우 등록을 할 수가 없고, 대우와 지원을 받을 대상자가 현재 대한민국에 존재하지 않아 보수를 지급하는 제도의 실효성이 인정되기 어렵다. 따라서 심판대상조항은 평등원칙에 위배되지 않는다』(헌재 2022.12.22. 2020헌바39).

[합헌]

037 우편을 이용한 접근금지를 피해자보호명령에 포함시키지 아니한 구 '가정폭력범죄의 처벌 등에 관한 특례법' 제55조의2 제1항은 평등원칙에 위배되지 않는다.

| 해 설 | 『피해자보호명령제도의 특성, 우편을 이용한 접근행위의 성질과 그 피해의 정도 등을 고려할 때, 입법자가 심판대상조항에서 우편을 이용한 접근금지를 피해자보호명령의 종류로 정하지 아니하였다고 하더라도 이것이 입법자의 재량을 벗어난 자의적인 입법으로서 평등원칙에 위반된다고 보기 어렵다』(헌재 2023.2.23. 2019헌바43).

[기각]

038 집합제한 조치로 발생한 손실을 보상하는 규정을 두지 않은 구 '감염병의 예방 및 관리에 관한 법률' 규정은 평등원칙에 위반되지 않는다.

| 해 설 | 『1. 코로나19 유행 전보다 영업 매출이 감소하였더라도, 집합제한 조치는 공동체 전체를 위하여 코로나19의 확산을 방지하기 위한 것이므로 사회구성원 모두가 그 부담을 나누어 질 필요가 있고, 그러한 매출 감소는 코로나19 감염을 피하기 위하여 사람들이 자발적으로 음식점 방문을 자제한 것에 기인하는 측면도 있다. 한편, 비수도권에서 음식점을 영업하는 청구인들은 영업시간 제한을 받은 기간이 짧고, 영업이 제한된 시간 이외에는 정상적으로 영업이 가능하였으며 영업이 제한된 시간 동안에도 포장·배달을 통한 영업은 가능하였다. 그러므로 심판대상조항이 감염병의 예방을 위하여 집합제한 조치를 받은 영업장의 손실을 보상하는 규정을 두고 있지 않다고 하더라도 청구인들의 평등권을 침해한다고 할 수 없다.

2. 감염병예방법 제49조 제1항 제2호에 근거한 집합제한 조치로 인하여 청구인들의 일반음식점 영업이 제한되어 영업이익이 감소되었다 하더라도, 청구인들이 소유하는 영업 시설·장비 등에 대한 구체적인 사용·수익 및 처분권한을 제한받는 것은 아니므로, 보상규정의 부재가 청구인들의 재산권을 제한한다고 볼 수 없다』(헌재 2023.6.29. 2020헌마1669). [23 법학경채]

| 기출지문 | 구 「감염병의 예방 및 관리에 관한 법률」 제70조 제1항에 감염병환자가 방문한 영업장의 폐쇄 등과 달리, 감염병의 예방을 위하여 집합제한 조치를 받은 영업장의 손실을 보상하는 규정을 두고 있지 않은 것은 평등권을 침해한다. [24 국회8급] (×)

039 [기각]
집합금지조치로 인한 손실을 보상하는 규정을 두고 있지 않은 구 감염병의 예방 및 관리에 관한 법률 제70조 제1항은 실내체육시설을 운영하는 청구인들의 평등권을 침해하지 않는다.

| 해 설 | 『정부는 자영업자 등의 영업손실 부담을 완화하기 위해 현금지원 정책, 금융지원책 및 임대료 부담 완화 정책 등 다양한 방식의 지원책을 마련하여 시행해 왔다. 정부의 지원이 피해를 전부 회복시키기에 다소 부족할 수 있지만, 집합금지조치는 공동체 전체를 위하여 코로나19의 확산을 방지하기 위해 실시된 것이므로 사회구성원 모두가 그 부담을 나누어 질 필요가 있다는 점도 고려할 필요가 있다. 따라서 이 사건 손실보상조항이 집합금지조치로 인한 손실을 보상하는 규정을 두지 않은 것이 청구인들의 평등권을 침해한다고 할 수 없다』(헌재 2024.8.29. 2021헌마175).

040 [기각]
헌법재판소는 동물약국 개설자가 수의사 또는 수산질병관리사의 처방전 없이 판매할 수 없는 동물용의약품을 규정한 「처방대상 동물용의약품 지정에 관한 규정」 제3조가 의약분업이 이루어지지 않은 동물 분야에서 수의사가 동물용의약품에 대한 처방과 판매를 사실상 독점할 수 있도록 하여 동물약국 개설자의 직업수행의 자유를 침해하는지 여부를 판단하는 이상 평등권 침해 여부에 관하여는 따로 판단하지 아니하였다. [24 국회8급]

| 해 설 | 헌재 2023.6.29. 2021헌마199
※ 동물약국 개설자가 수의사 또는 수산질병관리사의 처방전 없이 판매할 수 없는 동물용의약품을 규정한 「처방대상 동물용의약품 지정에 관한 규정」 제3조는 동물약국 개설자인 청구인들의 직업수행의 자유를 제한하지만 침해하지 않는다. (최신판례특강교재 49페이지 ⑭번 내용 참조)

기각

041 내국인 및 영주(F-5)·결혼이민(F-6)의 체류자격을 가진 외국인과 달리 외국인 지역가입자에 대하여 납부할 월별 보험료의 하한을 전년도 전체 가입자의 평균을 고려하여 정하는 것은 외국인 지역가입자의 평등권을 침해하지 않는다.

| 해 설 | 『보험료하한 조항이 보험급여와 보험료 납부의 상관관계를 고려하고, 외국인의 보험료 납부의무 회피를 위한 출국 등의 제도적 남용 행태를 막기 위하여 외국인 지역가입자가 납부해야 할 월별 보험료의 하한을 내국인등 지역가입자가 부담하는 보험료 하한(보험료가 부과되는 연도의 전전년도 평균 보수월액보험료의 1천분의 60 이상 1천분의 65 미만의 범위에서 보건복지부장관이 정하여 고시하는 금액)보다 높게 정한 것은 합리적인 이유가 있는 차별이다』(헌재 2023.9.26. 2019헌마1165).

기출지문 내국인 및 영주(F-5)·결혼이민(F-6)의 체류자격을 가진 외국인과 달리 외국인 지역가입자에 대하여 납부할 월별 보험료의 하한을 전년도 전체 가입자의 평균을 고려하여 정하는 구 「장기체류 재외국민 및 외국인에 대한 건강보험 적용기준」 제6조 제1항에 의한 별표2제1호 단서는 합리적인 이유없이 외국인을 내국인 등과 달리 취급한 것으로서 평등권을 침해한다. [24 국회8급] (×)

합헌

042 행정소송은 진정한 권리자의 이익보다 거래안전을 우선시하기 위한 사정판결 등의 제도를 갖추고 있는 등 확정판결에 대한 법적 안정성이 강하게 요구되므로, 형사소송과 마찬가지로 재심제기기간을 30일로 한 것이 합리적인 이유 없는 자의적인 입법이라고 할 수 없다. [24 법행]

| 해 설 | 『확정판결의 기초가 된 민사나 형사의 판결, 그 밖의 재판 또는 행정처분이 다른 재판이나 행정처분에 따라 바뀌어 당사자가 행정소송의 확정판결에 대하여 재심을 제기하는 경우, 재심제기기간을 30일로 정한 것은 재판청구권을 침해하지 않고, 평등권을 침해하지 않는다』(헌재 2023.9.26. 2020헌바258).

기출지문 확정판결의 기초가 된 민사나 형사의 판결, 그 밖의 재판 또는 행정처분이 다른 재판이나 행정처분에 따라 바뀌어 당사자가 행정소송의 확정판결에 대하여 재심을 제기하는 경우, 재심제기기간을 30일로 정한 「민사소송법」을 준용하는 「행정소송법」 제8조 제2항 중 「민사소송법」 제456조 제1항 가운데 제451조 제1항 제8호에 관한 부분을 준용하는 부분은 행정소송 당사자의 평등권을 침해한다. [24 국회8급] (×)

합헌

043 전기판매사업자에게 약관의 명시·교부의무를 면제한 「약관의 규제에 관한 법률」 해당 조항 중 '전기사업'에 관한 부분은 일반 사업자와 달리 전기판매사업자에 대하여 약관의 명시·교부의무를 면제하고 있더라도 평등원칙에 위반되지 아니한다. [24 경찰간부]

| 해 설 | 헌재 2024.4.25. 2022헌바65

합헌

044 '국가, 지방자치단체, 공공기관의 운영에 관한 법률에 따른 공공기관'이 시행하는 개발사업과 달리, 학교법인이 시행하는 개발사업은 그 일체를 개발부담금의 제외 또는 경감 대상으로 규정하지 않은 것은 평등원칙에 위반되지 않는다.

| 해설 | 『'국가'는 개발이익의 환수 주체이고, '지방자치단체'는 개발이익의 배분 대상이므로, 이들이 시행하는 개발사업의 경우 그 개발이익을 환수할 필요성이 없거나 낮다. '공공기관'이 시행하는 개발사업의 경우, 그 개발이익을 공공기관이 일단 보유하고 있다가 추후 국가사업을 대행하거나 위임받아 수행할 때 다시 사용하도록 할 수 있다는 점에서, 개발이익을 전부 환수할 필요성이 낮다. 따라서 국가 등이 시행하는 개발사업은, 개발부담금 제외 또는 경감 대상으로 규정할 이유가 있다. 반면 '학교법인'이 시행하는 개발사업의 경우, 그 개발이익이 곧바로 국가 또는 지방자치단체에 귀속된다거나 추후 국가사업에 다시 사용될 것이 예정되어 있지 않다. 또한 해당 개발이익은 학교법인과 사립학교의 학생 및 교직원 등만이 독점적으로 향유할 뿐 공동체 전체가 공평하게 향유할 수도 없으므로, 개발부담금 제외 또는 경감 대상으로 규정할 특별한 이유를 찾을 수 없다. 결국 심판대상조항은 국가 등과 학교법인을 합리적인 이유 없이 차별취급한다고 볼 수 없으므로, 평등원칙에 위반되지 않는다』(헌재 2024.5.30. 2020헌바179).

기출지문 '국가, 지방자치단체, 공공기관의 운영에 관한 법률에 따른 공공기관'이 시행하는 개발사업과 달리, 학교법인이 시행하는 개발사업은 그 일체를 개발부담금의 제외 또는 경감 대상으로 규정하지 않은 「개발이익 환수에 관한 법률」 해당 조항 중 '공공기관의 운영에 관한 법률에 따른 공공기관'에 관한 부분은 평등원칙에 위반된다. [24 경찰간부] (×)

판례정리 평등권 관련 합헌판례 문구 모음

① 매입자납부특례제도에 따라 스크랩 등의 매입자가 입금한 부가가치세액 중 과오납한 금액을 매입자에게 환급하도록 규정한 것은 평등원칙을 위반하지 않는다. (2018헌바295 등)

②-1. 원외 당협위원장이나 지역구국회의원 선거를 준비하는 자는 예비후보자등록 전에는 후원회를 둘 수 없도록 한 것은 평등원칙에 위배되지 않는다. (2020헌바254)

②-2. 국회의원에 대해서는 상시 후원회를 통하여 정치자금을 모금할 수 있도록 한 반면, 국회의원이 아닌 원외 당협위원장 또는 국회의원선거를 준비하는 자 등을 후원회지정권자에서 제외한 것은 평등원칙에 위배되지 않는다. (2020헌바402)

③ 공무원과 이혼한 배우자의 분할연금 수급요건을 정한 공무원연금법 제45조 제1항을 2016.1.1. 이후 이혼한 사람부터 적용하도록 한 것은 평등원칙에 위반되지 않는다. (2022헌바108)

④ 서울특별시장의 정비구역 직권해제 대상에서 '상업지역의 도시정비형 재개발사업'을 제외하여 주거지역·준공업지역과 차별한 것은 재산권을 침해하지 않고, 평등권을 침해하지 않는다. (2019헌마758)

⑤ 근로자가 산업재해보상보험의 보험료를 부담하지 않는 것과 달리 특수형태근로종사자에 대하여 위 보험료의 2분의 1을 부담시키는 것은 평등원칙에 위반되지 않는다. (2022헌바139)

⑥ 교육공무원 호봉 획정 시 같은 수준의 2개 이상의 학교를 졸업한 경우 교원자격 취득을 위한 학력 외의 학력이 사범계학교 또는 임용된 교원자격증 표시과목과 동일한 분야인 경우에만 경력으로 산입하도록 하는 것은 평등권을 침해하지 않는다. (2020헌마1159)

⑦ '국가가 국립대학법인으로 설립하는 국립학교'(국립대학법인)가 공공기관의 정보공개에 관한 법률 제19조 제1항에 따라 행정심판의 피청구인이 된 경우 그 심판청구를 인용하는 재결에 기속되도록 정한 행정심판법 규정은 평등원칙에 위반되지 않는다. (2018헌바385)

⑧ 각종 상속공제를 통해 공제하는 금액의 한도를 규정한 것은 평등원칙에 반하지 않는다. (2022헌바112)

⑨ 5억 원 이상의 국세징수권의 소멸시효기간을 10년으로 규정한 것은 평등원칙에 위반되지 않는다. (2019헌가27)

⑩ 무등록업자가 위탁받은 하자보수공사에 관한 거래를 '하도급거래 공정화에 관한 법률'이 정한 '하도급거래'에 해당하지 아니한다는 이유로 심사절차를 개시하지 않기로 한 공정거래위원회의 결정은 평등권 등 기본권을 침해하지 않는다. (2020헌마295)

⑪ 우정직 공무원을 우체국장 및 과·실장의 보직 부여 대상에서 제외한 것은 평등권을 침해하지 않는다. (2020헌마116)

⑫ 경상국립대학교의 교원, 직원 및 조교, 학생에게 총장선거권을 부여하였으나 강사에게는 총장선거권을 부여하지 않은 것은 평등권을 침해하지 않는다. (2020헌마553)

④ 자유권적 기본권

▶ **신체의 자유**

045 [위헌]
공공의 안녕질서 또는 미풍양속을 해하는 내용의 통신을 금하는 전기통신사업법 제53조 제1항은 명확성의 원칙에 위배되고, 과잉금지원칙에 위배되어 표현의 자유를 침해한다.

| 해 설 | 『"공공의 안녕질서 또는 미풍양속을 해하는"이라는 불온통신의 개념은 너무나 불명확하고 애매하다. 여기서의 "공공의 안녕질서"는 위 헌법 제37조 제2항의 "국가의 안전보장·질서유지"와, "미풍양속"은 헌법 제21조 제4항의 "공중도덕이나 사회윤리"와 비교하여 볼 때 동어반복이라 해도 좋을 정도로 전혀 구체화되어 있지 아니하다. 이처럼, "공공의 안녕질서", "미풍양속"은 매우 추상적인 개념이어서 어떠한 표현행위가 과연 "공공의 안녕질서"나 "미풍양속"을 해하는 것인지, 아닌지에 관한 판단은 사람마다의 가치관, 윤리관에 따라 크게 달라질 수밖에 없고, 법집행자의 통상적 해석을 통하여 그 의미내용을 객관적으로 확정하기도 어렵다』(헌재 2002.6.27. 99헌마480).

※ 구「학교보건법」상의 학교환경위생정화구역안의 금지행위를 규정한 구 학교보건법 규정의 '미풍양속을 해하는 행위 및 시설' 부분은 명확성의 원칙에 위반되지 않음(헌재 2008.4.24. 2004헌바92)을 주의하자.

[기출지문] "공공의 안녕질서" 또는 "미풍양속"은 '모든 국민이 준수하고 지킬 것이 요구되는 최소한도의 질서 또는 도덕률'을 의미한다고 보아야 할 것이므로, 공공의 안녕질서 또는 미풍양속을 해하는 통신을 금지하는 구 전기통신사업법 해당 조항은 명확성원칙에 위배되지 아니한다. [24 법원9급] (×)

046 [헌법불합치] 「강제퇴거대상자에 대한 보호기간의 상한 없는 보호 사건」
강제퇴거명령을 받은 사람을 보호할 수 있도록 하면서 보호기간의 상한을 마련하지 아니한 「출입국관리법」 조항에 의한 보호는 형사절차상 '체포 또는 구속'에 준하는 것으로 볼 수 있는 점을 고려하면, 보호의 개시 또는 연장 단계에서 그 집행기관인 출입국관리공무원으로부터 독립되고 중립적인 지위에 있는 기관이 보호의 타당성을 심사하여 이를 통제할 수 있어야 한다. [23 국가7급]

| 해 설 | 헌재 2023.3.23. 2020헌가1 등

※ 강제퇴거명령을 받은 사람을 보호할 수 있도록 하면서 보호기간의 상한을 마련하지 아니한 출입국관리법 제63조 제1항은 과잉금지원칙 위배(목 ○ 수 ○ 해 × 법 ×), 적법절차원칙 위배로 피청구인의 신체의 자유를 침해한다는 판례이다. [23 법학경채 · 23 해경간부]

※ 기출문제집 제4판 234번 문제 ②번 지문과 해설을 참조하세요.

합헌

047 구「도시 및 주거환경정비법」조항이 정비예정구역 내 토지 등 소유자의 100분의 30 이상의 해제요청이라는 비교적 완화된 요건만으로 정비예정구역 해제절차에 나아갈 수 있도록 하였다고 하여 적법절차원칙에 위반된다고 보기는 어렵다. [23 경찰간부]

| 해 설 | 헌재 2023.6.29. 2020헌바63

기각

048 치료감호 가종료 시 3년의 보호관찰이 시작되도록 한 「치료감호 등에 관한 법률」조항은 3년의 보호관찰기간 종료 전이라도 6개월마다 치료감호의 종료 여부 심사를 치료감호심의위원회에 신청할 수 있고, 그 신청에 관한 치료감호심의위원회의 기각결정에 불복하는 경우 행정소송을 제기하여 법관에 의한 재판을 받을 수 있다는 점 등을 고려하면 적법절차원칙에 반하지 않는다. [24 국가7급]

| 해 설 | 『치료감호와 보호관찰은 모두 적법절차원칙의 적용대상인 보안처분이지만 보호관찰은 '시설 외 처분'으로서 '시설 내 처분'인 치료감호보다 경한 처분이고, 독립성과 전문성을 갖춘 치료감호심의위원회로 하여금 치료의 필요성과 재범의 위험성을 판단하도록 한 것은 합리성이 인정된다. 또한 3년의 보호관찰기간 종료 전이라도 6개월마다 치료감호의 종료 여부 심사를 치료감호심의위원회에 신청할 수 있고, 그 신청에 관한 치료감호심의위원회의 기각 결정에 불복하는 경우 행정소송을 제기하여 법관에 의한 재판을 받을 수 있다. 따라서 심판대상조항(치료감호 가종료 시 3년의 보호관찰이 시작되도록 한 '치료감호 등에 관한 법률'규정)들은 적법절차원칙에 반하여 청구인의 재판청구권을 침해하지 아니한다』(헌재 2023.10.26. 2021헌마839).

기각

049 공수처법에 의하면 고위공직자의 가족이 고위공직자의 직무와 관련하여 죄를 범한 경우 수사처의 수사대상이 되는데, 고위공직자의 가족은 고위공직자의 직무와 관련하여 스스로 범한 죄에 대해서만 수사처의 수사를 받거나 기소되므로 자기책임의 원리나 연좌제금지원칙 위반 여부는 문제되지 않는다.

| 해 설 | 『고위공직자의 가족은 고위공직자의 직무와 관련하여 스스로 범한 죄에 대해서만 수사처의 수사를 받거나 기소되므로, 친족의 행위와 본인 간에 실질적으로 의미 있는 아무런 관련성을 인정할 수 없음에도 불구하고 오로지 친족이라는 사유 그 자체만으로 불이익한 처우를 가하는 경우에만 적용되는 연좌제금지 원칙이나 자기책임의 원리 위반 여부는 문제되지 않는다』(헌재 2021.1.28. 2020헌마264 등).

기출지문 「고위공직자범죄수사처 설치 및 운영에 관한 법률」제2조 및 같은 법 제3조 제1항에 따라 고위공직자의 가족은 고위공직자의 직무와 관련하여 죄를 범한 경우 수사처의 수사대상이 되는데, 이는 헌법상 연좌제금지원칙에서 규율하고자 하는 대상이다. [24 경찰간부] (×)

인용(위헌확인)

050 별건으로 공소제기 후 확정되어 검사가 보관하고 있는 서류에 대하여 법원의 열람·등사 허용 결정이 있었음에도 검사가 청구인에 대한 형사사건과의 관련성을 부정하면서 해당 서류의 열람·등사를 허용하지 아니한 행위는 청구인의 신속하고 공정한 재판을 받을 권리 및 변호인의 조력을 받을 권리를 침해한다.

| 해 설 | 『형사소송법이 공소가 제기된 후의 피고인 또는 변호인의 수사서류 열람·등사권에 대하여 규정하면서 검사의 열람·등사 거부처분에 대하여 별도의 불복절차를 마련한 것은 신속하고 실효적인 권리구제를 통하여 피고인의 신속·공정한 재판을 받을 권리 및 변호인의 조력을 받을 권리를 보장하기 위함이다. 법원이 검사의 열람·등사 거부처분에 정당한 사유가 없다고 판단하고 그러한 거부처분이 피고인의 헌법상 기본권을 침해한다는 취지에서 수사서류의 열람·등사를 허용하도록 명한 이상, 법치국가와 권력분립의 원칙상 검사로서는 당연히 법원의 그러한 결정에 지체 없이 따라야 하며, 이는 별건으로 공소제기되어 확정된 관련 형사사건 기록에 관한 경우에도 마찬가지이다. 그렇다면 피청구인의 이 사건 거부행위는 청구인의 신속·공정한 재판을 받을 권리 및 변호인의 조력을 받을 권리를 침해한다』(헌재 2022.6.30. 2019헌마356).

| 기출지문 | 법원이 검사의 열람·등사 거부처분에 정당한 사유가 없다고 판단하고 그러한 거부처분이 피고인의 헌법상 기본권을 침해한다는 취지에서 수사서류의 열람·등사를 허용하도록 명한 이상 검사로서는 당연히 법원의 그러한 결정에 지체 없이 따라야 하지만, 별건으로 공소제기되어 확정된 관련 형사사건 기록에 관한 경우에는 이를 따르지 않을 수 있다. [23 경찰1차] (×)

기각 「소송대리인이 되려는 변호사에 대한 소송대리인 접견신청 불허 사건」

051 접촉차단시설이 설치되지 않은 장소에서의 수용자 접견 대상을 소송사건의 대리인인 변호사로 한정한 구 '형의 집행 및 수용자에 처우에 관한 법률 시행령' 규정은 변호사인 청구인의 직업수행의 자유를 침해하지 않는다.

| 해 설 | 『소송대리인이 되려는 변호사의 경우 변호인이 되려는 사람이나 소송사건의 대리인인 변호사와 비교하여 지위, 역할, 접견의 필요성 등에 차이가 있으므로, 접견제도의 운영에 있어 이들과 달리 취급할 필요가 있다. 소송대리인이 되려는 변호사는 이미 선임된 소송사건의 대리인과 달리 해당 범위가 상당히 넓어 접견의 수요를 예측하기 어려운 점도 양자를 달리 취급하여야 할 사정이 된다. 따라서 심판대상조항은 변호사인 청구인의 업무를 원하는 방식으로 자유롭게 수행할 수 있는 자유를 침해한다고 할 수 없다』(헌재 2022.2.24. 2018헌마1010).

| 기출지문 | 접촉차단시설이 설치되지 않은 장소에서의 수용자 접견 대상을 소송사건의 대리인인 변호사로 한정한 구 「형의 집행 및 수용자의 처우에 관한 법률 시행령」 조항은, 그로 인해 접견의 상대방인 수용자의 재판청구권이 제한되는 효과도 함께 고려하면 수용자의 대리인이 되려는 변호사의 직업수행의 자유와 수용자의 변호인의 조력을 받을 권리를 침해한다. [23 국가7급] (×)

| 비교판례 | 변호사와 접견하는 경우에도 수용자의 접견은 원칙적으로 접촉차단시설이 설치된 장소에서 하도록 규정하고 있는 형의 집행 및 수용자의 처우에 관한 법률 시행령 제58조 제4항은 재판청구권을 침해하는 규정이다(헌재 2013.8.29. 2011헌마122).

각하

052 헌법 해석상 변호인의 조력을 받을 권리로부터 70세 이상인 불구속 피의자에 대하여 피의자신문을 할 때 법률구조제도에 대한 안내 등을 통해 피의자가 변호인의 조력을 받을 권리를 행사하도록 조치할 법무부장관의 작위의무가 곧바로 도출된다고 볼 수 없다. [24 국회8급]

| 해 설 | 『헌법은 명문으로 '70세 이상인 불구속 피의자에 대하여 피의자신문을 할 때 법률구조제도에 대한 안내 등을 통해 피의자가 변호인의 조력을 받을 권리를 행사하도록 조치할 작위의무'를 규정하고 있지 아니하다. 한편, 변호인이 피의자의 조력자로서의 역할을 수행할 수 있도록 하기 위한 절차적 권리 등은 구체적 입법형성을 통해 비로소 부여되므로, 헌법 해석상 변호인의 조력을 받을 권리로부터 위와 같은 법무부장관의 작위의무가 곧바로 도출된다고 볼 수도 없다. 위와 같은 법무부장관의 작위의무가 법률구조법, 형사소송법 등 관련 법령에 구체적으로 규정되어 있지도 아니하다. 따라서 이 사건 행정부작위에 대한 심판청구는 헌법소원의 대상이 될 수 없는 공권력의 불행사에 대한 것으로서 부적법하다』(헌재 2023.2.23. 2020헌마1030).

관련판례 헌법은 70세 이상인 불구속 피의자가 피의자신문을 받을 때 국선변호인을 선정하는 법률을 제정할 것을 명시적으로 위임하고 있지 않다. 헌법 제12조 제4항 본문과 단서의 논리적 관계를 고려할 때 '국선변호인의 조력을 받을 권리'는 피의자가 아닌 피고인에게만 보장되는 기본권이다. 따라서 헌법 제12조 제4항이 70세 이상인 불구속 피의자에 대하여 국선변호인의 조력을 받을 권리가 있음을 천명한 것이라고 볼 수 없으며, 그 밖에 헌법상의 다른 규정을 살펴보아도 위와 같은 권리나 이를 보장하기 위한 입법의무를 명시적으로나 해석상으로 인정할 근거가 없다. 따라서 이 사건 입법부작위에 대한 심판청구는 헌법소원의 대상이 될 수 없는 입법부작위를 대상으로 한 것으로서 부적법하다(헌재 2023.2.23. 2020헌마1030).

053 피고인의 형사공탁에 관한 변호인의 조력은 변호인의 조력을 받을 권리의 핵심적인 부분이라고 보기 어렵다.

| 해 설 | 『피고인의 피해자에 대한 공탁은 형사재판에서 피고인에게 유리한 양형사유로 기능할 수는 있으나, 소송절차 밖에서 이루어지는 공탁 과정에서 변호인의 역할이 필수적으로 요구되는 것은 아니다. 그러므로 피고인의 형사공탁에 관한 변호인의 조력이, 앞서 본 피의자 등과의 접견교통 내지 면접교섭, 변호인으로서의 법적 조언 및 상담, 피의자신문 참여, 수사기록 열람·등사 등과 같은 정도의 핵심적인 부분, 즉 피고인을 조력할 변호인의 권리 중 그것이 보장되지 않으면 피고인이 변호인의 조력을 받는다는 것이 유명무실하게 되는 핵심적인 부분이라고 보기는 어렵다』(헌재 2021.8.31. 2019헌마516 등).

기출지문 피고인의 피해자에 대한 공탁은 형사재판에서 피고인에게 유리한 양형사유로 기능할 수 있으며, 소송절차 밖에서 이루어지는 공탁 과정에서 변호인의 역할이 필수적으로 요구되므로, 피고인의 형사공탁에 관한 변호인의 조력은 피고인을 조력할 변호인의 권리 중 그것이 보장되지 않으면 피고인이 변호인의 조력을 받는다는 것이 유명무실하게 되는 핵심적인 부분이라고 보아야 한다. [24 경찰간부] (×)

기각

054 수형자가 민사재판에 출정하여 법정 대기실 내 쇠창살 격리시설 안에 유치되어 있는 동안 교도소장이 출정계호 교도관을 통해 수형자에게 양손수갑 1개를 앞으로 사용한 행위는 신체의 자유를 침해하지 않는다. [24 경정승진]

| 해 설 | 헌재 2023.6.29. 2018헌마1215

▶ 주거의 자유

055 피해자의 집 마당이 도로에 바로 접하여 있고 출입을 통제하는 문이나 담 기타 인적·물적 설비가 없다면 주거침입죄의 객체가 되는 위요지에 해당한다고 단정하기 어려우므로 사실생활의 평온상태를 해치는 행위태양으로서 주거침입에 해당한다고 보기 어렵다.

| 해 설 | 『청구인이 피해자의 집 마당을 넘어간 행위 및 외부출입문을 열고 들어가 내부출입문을 손으로 두드린 행위에 대해, 피해자의 집 마당은 도로에 바로 접하여 있고 출입을 통제하는 문이나 담 기타 인적·물적 설비가 없으므로, 주거침입죄의 객체가 되는 위요지에 해당한다고 단정하기 어렵다. 또한 주거의 형태와 용도·성질, 외부인에 대한 출입의 통제·관리의 방식과 상태, 출입 경위와 방법 등을 종합적으로 고려하면, 청구인이 사실상의 평온상태를 해치는 행위 태양으로 피해자의 집에 들어갔다고 단정하기 어렵다』(헌재 2022.10.27. 2020헌마866).

기출지문 피해자의 집 마당은 도로에 바로 접하여 있고 출입을 통제하는 문이나 담 기타 인적·물적 설비가 없으므로, 집 마당을 넘어가 외부출입문을 열고 내부출입문을 손으로 두드린 행위는, 주거의 형태와 용도·성질, 외부인에 대한 출입의 통제·관리의 방식과 상태, 출입 경위와 방법 등을 종합적으로 고려하면, 사실상의 평온상태를 해치는 행위태양으로 주거침입에 해당한다. [24 경찰간부] (×)

▶ 사생활의 비밀과 자유 / 개인정보자기결정권

기각

056 교도소장이 수형자의 정신과진료 현장과 정신과 화상진료 현장에 각각 간호직교도관을 입회시킨 것은 해당 수형자의 사생활의 비밀과 자유를 제한하지만 침해하지는 않는다.

| 해 설 | 『이 사건 동행계호행위는 교정사고를 예방하고 수용자 및 진료 담당 의사의 신체 등을 보호하기 위한 것이다. 청구인이 상습적으로 교정질서 문란행위를 저지른 전력이 있는 점, 정신질환의 증상으로 자해 또는 타해 행동이 나타날 우려가 있는 점, 교정시설은 수형자의 교정교화와 건전한 사회복귀를 도모하기 위한 시설로서 정신질환자의 치료 중심 수용 환경 조성에는 한계가 있는 점 등을 고려하면 이 사건 동행계호행위는 과잉금지원칙에 반하여 청구인의 사생활의 비밀과 자유를 침해하지 않는다』(헌재 2024.1.25. 2020헌마1725).

기출지문 교도소장이 수형자의 정신과진료 현장과 정신과 화상진료 현장에 각각 간호직교도관을 입회시킨 것은, 수형자에게 사생활 노출 염려로 솔직한 증세를 의사에게 전달하지 못하게 함으로써 해당 수형자의 사생활의 비밀과 자유를 침해한다. [24 경찰2차] (×)

기각

057 대체복무요원 생활관 내부의 공용공간에 CCTV를 설치하여 촬영하는 행위는 대체복무요원들의 사생활의 비밀과 자유를 제한하지만 침해하지는 않는다.

| 해 설 | 『CCTV 촬영행위는 교정시설의 계호, 경비, 보안, 안전, 관리 등을 위한 목적에서 행해지는 것이다. CCTV 촬영행위는 대체복무 생활관에서 합숙하는 청구인들의 안전한 생활을 보호해주는 측면도 있다. 청구인들의 생활관 내부에 설치된 CCTV들은 외부인의 허가 없는 출입이나 이동, 시설의 안전, 화재, 사고 등을 확인할 수 있는 위치들에 설치되어 있고, 개별적인 생활공간에는 CCTV가

설치되어 있지 않다. 따라서 CCTV 촬영행위는 과잉금지원칙을 위반하여 청구인들의 사생활의 비밀과 자유를 침해하지 아니한다』(헌재 2024.5.30. 2022헌마707 등).

> **기출지문** 대체복무요원 생활관 내부의 공용공간에 CCTV를 설치하여 촬영하는 행위는 군부대와 달리 대체복무요원들의 모든 사적활동의 동선을 촬영하여, 개인의 행동과 심리에 심각한 제약을 느끼게 하므로 대체복무요원들의 사생활의 비밀과 자유를 침해한다. [24 경찰2차] (×)

058 [기각] 청소년유해물건 중 청소년의 심신을 심각하게 손상시킬 우려가 있는 성 관련 물건을 대통령령으로 정하는 기준에 따라 청소년보호위원회가 결정하고 여성가족부장관이 고시하도록 하여, 요철식 특수콘돔(GAT-101) 등을 청소년에게 판매하지 못하도록 한 「청소년 보호법」조항은 청소년의 사생활의 비밀과 자유를 침해하지 않는다. [24 경찰간부]

| 해 설 | 헌재 2021.6.24. 2017헌마408

059 [기각] 정보주체의 배우자나 직계혈족이 정보주체의 위임 없이도 정보주체의 가족관계 상세증명서의 교부 청구를 할 수 있도록 하는 조항은 개인정보자기결정권을 침해하지 않는다. [23 국회8급]

| 해 설 | 헌재 2022.11.24. 2021헌마130

060 [기각] 대한적십자사의 회비모금 목적으로 자료제공을 요청받은 국가와 지방자치단체는 특별한 사유가 없으면 그 자료를 제공하여야 한다고 규정한 '자료제공조항'과, 대한적십자사가 요청할 수 있는 자료로 세대주의 성명 및 주소를 규정한 것은 청구인들의 개인정보자기결정권을 제한하지만 침해하지 않는다.

| 해 설 | 헌재 2023.2.23. 2019헌마1404 등

061 [기각] 개인정보 보호법상 재식별금지조항이 가명정보의 재식별을 예외 없이 금지한 것은 개인정보자기결정권을 침해하지 않는다.

| 해 설 | 헌재 2023.10.26. 2020헌마1477 등

062 [기각] 통계작성, 과학적 연구, 공익적 기록보존을 위하여 정보주체의 동의 없이 가명정보를 처리할 수 있도록 하고 신용정보제공·이용자, 신용정보회사, 신용정보집중기관이 통계작성, 연구, 공익적 기록보존을 위하여 가명정보를 제공하는 경우에는 신용정보주체로부터 개별적으로 동의를 받지 않아도 된다고 규정한 것은 개인정보자기결정권을 침해하지 않는다.

| 해 설 | 헌재 2023.10.26. 2020헌마1476

기각

063 혼인무효로 정정된 가족관계등록부의 재작성 신청을 제한하는 '가족관계등록부의 재작성에 관한 사무처리지침' 제2조 제1호 중 '혼인무효'에 관한 부분 및 제3조 제3항 중 제2조 제1호의 사유로 인한 가족관계등록부재작성신청 시 '혼인무효가 한쪽 당사자나 제3자의 범죄행위로 인한 것임을 소명하는 서면 첨부'에 관한 부분은 개인정보자기결정권을 침해하지 않는다.

|해 설| 『1. 심판대상조항은 신분등록제도에 관한 규정일 뿐, 혼인과 가족생활을 스스로 결정하고 형성할 수 있는 자유를 제한하고 있다고 볼 수 없고, 사생활의 비밀과 자유는 개인정보자기결정권의 근거조항이며, 행복추구권이나 평등권 침해 주장은 심판대상조항이 등록부 재작성 신청권자를 한정한 것이 과도하여 개인정보자기결정권을 침해한다는 주장과 다르지 않으므로, 이에 관하여도 별도로 판단하지 않는다. [24 경찰2차 · 24 경찰간부]

2. 청구인과 같이 혼인의사의 합의가 없음을 원인으로 혼인무효판결을 받았으나 혼인무효사유가 한쪽 당사자나 제3자의 범죄행위로 인한 경우에 해당하지 않는 사람에 대해서는 등록부 재작성 신청권이 인정되지 않고, 정정된 등록부가 보존된다. 무효인 혼인의 기록사항 전체에 하나의 선을 긋고, 말소 내용과 사유를 각 해당 사항란에 기재하는 방식의 정정 표시는 청구인의 인격주체성을 식별할 수 있게 하는 개인정보에 해당하고, 이와 같은 정보를 보존하는 심판대상조항은 청구인의 개인정보자기결정권을 제한한다. 따라서 심판대상조항이 과잉금지원칙을 위반하여 청구인의 개인정보자기결정권을 침해하는지 살펴본다. … 혼인무효로 정정된 가족관계등록부의 재작성 신청을 제한하는 심판대상조항은 청구인의 개인정보자기결정권을 침해하지 않는다.』(헌재 2024.1.25. 2020헌마65).

|기출지문| 무효인 혼인의 기록사항 전체에 하나의 선을 긋고, 말소 내용과 사유를 각 해당 사항란에 기재하는 방식의 정정 표시는 청구인의 인격주체성을 식별할 수 있게 하는 개인정보에 해당하고, 이와 같은 정보를 보존하는 「가족관계등록부의 재작성에 관한 사무처리지침」 조항 중 해당 부분은 청구인의 개인정보자기결정권을 제한한다. [24 국가7급] (○)

|기출지문| '혼인무효사유가 한쪽 당사자나 제3자의 범죄행위로 인한 경우'에 한하여 가족관계등록부 재작성을 허용한 규정에 의하여 혼인의사의 합의가 없음을 원인으로 혼인무효판결을 받은 경우에도 정정된 가족관계등록부가 그대로 보존되도록 하는 것은 과잉금지원칙에 반하여 개인정보자기결정권을 침해한다. [24 법행] (×)

기각

064 경찰공무원 중 경사를 공직자 재산등록 의무자로 정한 것은 사생활의 비밀과 자유를 제한하지만 침해하지 않고, 합리적 이유가 있으므로 평등권을 침해한다고 볼 수 없다.

|해 설| 헌재 2024.2.28. 2021헌마845

기각

065 감염병 전파 차단을 위한 개인정보 수집의 수권조항인 구 감염병예방법 제76조의2 제1항 제1호는 개인정보자기결정권을 침해하지 않는다.

|해 설| 『심판대상조항은 보건당국이 전문성을 가지고 감염병의 성질과 전파정도, 유행상황이나 위험정도, 예방 백신이나 치료제의 개발 여부 등에 따라 정보 수집이 필요한 범위를 판단하여 정보를 요청할 수 있도록 하여 효과적인 방역을 달성할 수 있도록 한다. 따라서 심판대상조항(감염병 전파 차단을 위한 개인정보 수집의 수권조항인 구 감염병예방법 제76조의2 제1항 제1호) 규정은 과잉금지원칙에 반하여 청구인의 개인정보자기결정권을 침해하지 않는다.』(헌재 2024.4.25. 2020헌마1028).

기출지문 감염병 전파 차단을 위한 개인정보 수집의 수권조항인 구「감염병의 예방 및 관리에 관한 법률」해당 조항은 정보수집의 목적 및 대상이 제한되어 있으나, 관련 규정에서 절차적 통제장치를 마련하지 못하여 정보의 남용 가능성이 있어 정보주체의 개인정보자기결정권을 침해한다. [24 국가7급] (×)

▶ 통신의 자유

대법원 판례

066 인터넷개인방송의 방송자가 비밀번호를 설정하는 등으로 비공개 조치를 취한 후 방송을 송출하는 경우에는, 방송자로부터 허가를 받지 못한 사람은 당해 인터넷개인방송의 당사자가 아닌 '제3자'에 해당하고, 이러한 제3자가 비공개 조치가 된 인터넷개인방송을 비정상적인 방법으로 시청·녹화하는 것은 통신비밀보호법상의 감청에 해당할 수 있다.

| 해설 |『인터넷개인방송의 방송자가 비밀번호를 설정하는 등 그 수신 범위를 한정하는 비공개 조치를 취하지 않고 방송을 송출하는 경우, 누구든지 시청하는 것을 포괄적으로 허용하는 의사라고 볼 수 있으므로, 그 시청자는 인터넷개인방송의 당사자인 수신인에 해당하고, 이러한 시청자가 방송 내용을 지득·채록하는 것은 통신비밀보호법에서 정한 감청에 해당하지 않는다. 그러나 인터넷개인방송의 방송자가 비밀번호를 설정하는 등으로 비공개 조치를 취한 후 방송을 송출하는 경우에는, 방송자로부터 허가를 받지 못한 사람은 당해 인터넷개인방송의 당사자가 아닌 '제3자'에 해당하고, 이러한 제3자가 비공개 조치가 된 인터넷개인방송을 비정상적인 방법으로 시청·녹화하는 것은 통신비밀보호법상의 감청에 해당할 수 있다』(대판 2022.10.27. 2022도9877).

기출지문 인터넷개인방송의 방송자가 비밀번호를 설정하는 등으로 비공개 조치를 취한 후 방송을 송출하는 경우, 방송자로부터 허가를 받지 못한 제3자가 비공개 조치가 된 인터넷개인방송을 비정상적인 방법으로 시청·녹화한 것은 「통신비밀보호법」상의 감청에 해당하지 않는다. [24 경찰간부·24 해경간부] (×)

기각

067 방송통신심의위원회가 주식회사 ○○ 외 9개 정보통신서비스제공자 등에 대하여 895개 웹사이트에 대한 접속차단의 시정을 요구한 행위는 정보통신서비스이용자의 통신의 비밀을 침해하지 않는다. [24 경찰간부·24 해경간부·24 국회8급]

| 해설 |『1. 피청구인 방송통신심의위원회가 2019. 2. 11. 주식회사 ○○ 외 9개 정보통신서비스제공자 등에 대하여 895개 웹사이트에 대한 접속차단의 시정을 요구한 행위는 청구인들의 통신의 비밀과 자유 및 알 권리를 제한하지만, 침해하지는 않는다.
2. 청구인들은 이 사건 시정요구가 과잉금지원칙을 위반하여 사생활의 비밀과 자유를 침해한다고도 주장한다. 그러나 사생활의 비밀과 자유에 포섭될 수 있는 사적 영역에 속하는 통신의 자유는 헌법이 제18조에서 별도의 기본권으로 보장하고 있으므로, 통신의 자유 침해 여부를 판단하는 이상 사생활의 비밀과 자유 침해 여부에 관하여는 별도로 판단하지 않는다』(헌재 2023.10.26. 2019헌마158 등).

▶ 양심의 자유

[합헌]
068 가해학생에 대한 조치로 피해학생에 대한 서면사과를 규정한 것은 가해학생의 양심의 자유와 인격권을 제한하지만 침해하지는 않는다. [23 경찰간부 · 23 법학경채 · 23 국회8급]

| 해 설 | 헌재 2023.2.23. 2019헌바93 등
※ 같은 판례에서 가해학생에 대한 조치로 피해학생 및 신고·고발한 학생에 대한 접촉, 협박 및 보복행위의 금지를 규정한 것은 가해학생의 일반적 행동자유권을 제한하지만 침해하지 않고, 가해학생에 대한 조치로 학급교체를 규정한 것은 가해학생의 일반적 행동자유권을 제한하지만 침해하지 않는다고 결정되었다. [23 법학경채]

[기각]
069 대체복무기관을 '교정시설'로 한정한 것, 대체복무요원의 복무기간을 '36개월'로 한 것, 대체복무요원으로 하여금 '합숙'하여 복무하도록 한 것은 양심의 자유를 침해하지 않는다.

070 대체복무요원의 정당가입을 금지한 것은 정당가입의 자유를 침해하지 않는다.

| 해 설 | 『[1] 대체복무기관을 '교정시설'로 한정한 복무기관조항, 대체복무요원의 복무기간을 '36개월'로 한 기간조항, 대체복무요원으로 하여금 '합숙'하여 복무하도록 한 합숙조항이 대체복무요원에게 과도한 복무 부담을 주고 대체역을 선택하기 어렵게 만드는 것으로서, 대체복무요원의 양심의 자유를 침해하는지 여부를 판단하기로 한다. 복무내용조항들이 신체의 자유, 사생활의 비밀과 자유, 고문을 받지 아니할 권리, 가족생활을 할 권리, 행복추구권, 평등권을 침해하고, 인간의 존엄과 가치를 규정한 헌법 제10조, 국제인권조약 등에 위반된다는 주장은 교정시설에서 36개월의 기간 동안 합숙의무를 부여함으로써 발생하는 다양한 양태들을 문제 삼거나 그러한 복무 부여가 과도하다는 주장을 보충하기 위한 것이므로, 복무내용조항들이 양심의 자유를 침해하는지 여부를 판단하는 이상 이러한 주장에 대해서는 별도로 판단하지 아니하기로 한다.
[2] 헌법 제39조 제1항은 모든 국민은 '법률이 정하는 바에 의하여' 국방의 의무를 진다고 하고, 병역법 제3조 제1항은 "대한민국 국민인 남성은 헌법과 이 법에서 정하는 바에 따라 병역의무를 성실히 수행하여야 한다."라고 하므로, 결국 '국방의 의무' 및 '병역의무'의 내용과 범위는 입법자가 헌법에 위반되지 않는 범위에서 어떠한 내용을 '국방의 의무' 또는 '병역의무'로 규정하느냐에 따라 결정된다고 볼 수 있다. 그렇다면 법률에서 대체역의 복무형태로 규정한 대체복무요원의 복무 내용과 범위를 정함에 있어서도 입법자는 폭넓은 입법형성권을 가진다고 할 수 있다.
[정당가입금지조항에 대한 판단] 이 사건의 쟁점은 대체복무요원의 정당가입을 금지하는 정당가입금지조항이 과잉금지원칙을 위반하여 청구인의 정당가입의 자유를 침해하는지 여부이다. 청구인은 위 조항이 양심의 자유 및 사상의 자유도 침해한다고 주장하나, 사안과 가장 밀접한 관계에 있는 주된 기본권인 정당가입의 자유의 침해 여부를 중심으로 판단하기로 한다. … 정당가입조항은 과잉금지원칙에 위배되어 청구인의 정당가입의 자유를 침해하지 아니한다』(헌재 2024.5.30. 2022헌마1146).

▶ 종교의 자유

인용(위헌확인) 「육군훈련소 내 종교행사 참석 강제 사건」

071 피청구인 육군훈련소 조교가 육군훈련소에 입소한 청구인들로 하여금 개신교, 천주교, 불교, 원불교 4개 종교의 종교행사 중 하나에 참석하도록 한 것은 정교분리원칙과 과잉금지원칙에 위배되어 종교의 자유를 침해한다. [23 경찰1차 · 24 변시]

| 해 설 | 『[1] 피청구인이 청구인들로 하여금 개신교, 천주교, 불교, 원불교 4개 종교의 종교행사 중 하나에 참석하도록 한 것은 그 자체로 종교적 행위의 외적 강제에 해당한다. 이는 피청구인이 위 4개 종교를 승인하고 장려한 것이자, 여타 종교 또는 무종교보다 이러한 4개 종교 중 하나를 가지는 것을 선호한다는 점을 표현한 것이라고 보여질 수 있으므로 국가의 종교에 대한 중립성을 위반하여 특정 종교를 우대하는 것이다. 또한, 이 사건 종교행사 참석조치는 국가가 종교를, 군사력 강화라는 목적을 달성하기 위한 수단으로 전락시키거나, 반대로 종교단체가 군대라는 국가권력에 개입하여 선교행위를 하는 등 영향력을 행사할 수 있는 기회를 제공하므로, 국가와 종교의 밀접한 결합을 초래한다는 점에서 정교분리원칙에 위배된다.

[2] 피청구인이 청구인들로 하여금 육군훈련소 내 종교행사에 참석하도록 한 이 사건 종교행사 참석 조치는 군에서 필요한 정신전력을 강화하는 데 기여하기보다 오히려 해당 종교와 군 생활에 대한 반감이나 불쾌감을 유발하여 역효과를 일으킬 소지가 크고, 훈련병들의 정신전력을 강화할 수 있는 방법으로 종교적 수단 이외에 일반적인 윤리교육 등 다른 대안도 택할 수 있으며, 종교는 개인의 인격을 형성하는 가장 핵심적인 신념일 수 있는 만큼 종교에 대한 국가의 강제는 심각한 기본권 침해에 해당하는 점을 고려할 때, 과잉금지원칙을 위반하여 청구인들의 종교의 자유를 침해한다』(헌재 2022.11.24. 2019헌마941). (목 ○ 수 × 해 × 법 ×)

기각

072 '2021년도 독학에 의한 학위취득시험 시행 계획 공고'에서 각 시험의 시험일을 일요일로 정한 부분은 종교의 자유를 제한하지만 침해하지 않는다.

| 해 설 | 헌재 2022.12.22. 2021헌마271

기각

073 대부분의 지방자치단체에서 시험장소 임차 및 인력동원 등의 이유로 일요일 시험실시가 불가하거나 현실적으로 어려우므로, 연 2회 실시하는 간호조무사 국가시험의 시행일시를 모두 토요일 일몰 전으로 정한 '2021년도 간호조무사 국가시험 시행계획 공고'는 제칠일안식일예수재림교를 믿는 응시자의 종교의 자유를 침해하지 아니한다. [24 경찰간부]

| 해 설 | 『연 2회 실시하는 2021년도 간호조무사 국가시험의 시행일시를 모두 토요일 일몰 전으로 정한 '2021년도 간호조무사 국가시험 시행계획 공고'는 종교의 자유를 제한하지만 침해하지 않는다』 (헌재 2023.6.29. 2021헌마171).

> **기출지문** 연 2회 실시하는 간호조무사 국가시험의 시행일시를 모두 토요일 일몰 전으로 정하여 특정 종교의 교인들로 하여금 안식일에 관한 교리를 위반하도록 하거나 토요일 응시에 제한을 받도록 하는 것은, 두 번의 시험 중 적어도 한 번은 토요일이 아닌 날 시행할 수 있는 등 다른 방법을 고려할 수 있으므로, 과잉금지원칙에 반하여 종교의 자유를 침해한다. [24 법원9급] (×)

074 [합헌] 보건복지부장관, 시·도지사 또는 시장·군수·구청장 등이 감염병을 예방하기 위하여 종교집회를 제한하거나 금지하는 조치를 하도록 규정한 것은 명확성원칙에 위배되지 않고, 종교의 자유를 침해하지 않는다.

| 해 설 | 헌재 2024.6.27. 2021헌바178

▶ 언론·출판의 자유

075 [위헌] 「대북 전단 등의 살포 금지·처벌 사건」
남북합의서 위반행위로서 전단등 살포를 하여 국민의 생명·신체에 위해를 끼치거나 심각한 위험을 발생시키는 것을 금지하고 처벌하는 남북관계 발전에 관한 법률 관련 규정은 표현의 자유를 침해한다. [24 경찰1차·24 국회8급]

| 해 설 | 『심판대상조항은 표현의 내용을 제한하는 결과를 가져오는바, 국가가 표현 내용을 규제하는 것은 원칙적으로 중대한 공익의 실현을 위하여 불가피한 경우에 한하여 허용되고, 특히 정치적 표현의 내용 중에서도 특정한 견해, 이념, 관점에 기초한 제한은 과잉금지원칙 준수 여부를 심사할 때 더 엄격한 기준이 적용되어야 한다. 국가형벌권의 행사는 중대한 법익에 대한 위험이 명백한 경우에 한하여 최후수단으로 선택되어 필요 최소한의 범위에 그쳐야 하는바, 심판대상조항은 전단등 살포를 금지하는 데서 더 나아가 이를 범죄로 규정하면서 징역형 등을 두고 있으며, 그 미수범도 처벌하도록 하고 있어 과도하다고 하지 않을 수 없다. 심판대상조항으로 북한의 적대적 조치가 유의미하게 감소하고 이로써 접경지역 주민의 안전이 확보될 것인지, 나아가 남북 간 평화통일의 분위기가 조성되어 이를 지향하는 국가의 책무 달성에 도움이 될 것인지 단언하기 어려운 반면, 심판대상조항이 초래하는 정치적 표현의 자유에 대한 제한은 매우 중대하다. 그렇다면 심판대상조항은 과잉금지원칙에 위배되어 청구인들의 표현의 자유를 침해한다』(헌재 2023.9.26. 2020헌마1724 등).

076 [위헌] 누구든지 선거운동기간 전에 공직선거법에 규정된 방법을 제외하고 그 밖의 집회 또는 그 밖의 방법으로 선거운동을 할 수 없다고 규정한 공직선거법 법률조항 중 '개별적으로 대면하여 말로 하는 선거운동을 한 자에 관한 부분'은 헌법에 위반된다. [24 법무사·24 변시]

| 해 설 | 『선거운동을 어느 정도 규제하는 것에 불가피한 측면이 있더라도, 그 제한의 정도는 정치·사회적 발전단계와 국민의식의 성숙도 등을 종합하여 합리적으로 결정해야 한다. 이 사건 선거운동기간조항은 그 입법목적을 달성하는데 지장이 없는 선거운동방법, 즉 돈이 들지 않는 방법으로서 후보자 간 경제력 차이에 따른 불균형 문제나 사회·경제적 손실을 초래할 위험성이 낮은 개별적으로 대면하여 말로 지지를 호소하는 선거운동까지 포괄적으로 금지함으로써 선거운동 등 정치적 표현의 자유를 과도하게 제한하고 있고, 기본권 제한과 공익목적 달성 사이에 법익의 균형성도 갖추지 못하였다. 결국 이 사건 선거운동기간조항 중 각 선거운동기간 전에 개별적으로 대면하여 말로 하는 선거운동에 관한 부분은 과잉금지원칙에 반하여 선거운동 등 정치적 표현의 자유를 침해한다』(헌재 2022.2.24. 2018헌바146). (목 ○ 수 ○ 해 × 법 ×)

위헌, 헌법불합치

077 선거기간 중 선거에 영향을 미치게 하기 위한 그 밖의 집회나 모임의 개최를 금지하는 공직선거법 제103조 제3항 중 '누구든지 선거기간 중 선거에 영향을 미치게 하기 위하여 그 밖의 집회나 모임을 개최할 수 없다' 부분은 과잉금지원칙에 반하여 집회의 자유와 정치적 표현의 자유를 침해한다.

| 해 설 | 『집회개최 금지조항은 선거에서의 균등한 기회보장과 선거의 공정성 확보를 위한 것으로서 정당한 목적 달성을 위한 적합한 수단이나, 선거기간 중 선거에 영향을 미치게 하기 위한 집회나 모임이라면 선거의 공정과 평온에 대한 위험이 구체적으로 존재하지 않는 경우까지도 예외 없이 개최를 금지하고 있다. 선거의 평온이라는 입법목적은 '집회 및 시위에 관한 법률'의 다양한 규제수단들이나 형사법상의 처벌조항 등으로 달성할 수 있고, 선거에서의 기회 불균형 등의 문제는 선거비용 제한·보전 제도, 기부행위 금지 등 기존의 공직선거법상의 규제들이나 일정한 집회나 모임의 개최만을 한정적으로 금지하는 방법 등에 의해서도 방지할 수 있으며, 무분별한 흑색선전, 허위사실유포 등에 대한 규제도 공직선거법에 이미 도입되어 있는바, 집회개최 금지조항은 입법목적 달성을 위하여 필요한 범위를 넘어 선거기간 중 선거에 영향을 미치게 하기 위한 유권자의 집회나 모임을 일률적으로 금지·처벌하고 있으므로 침해의 최소성에 반한다. 또한 집회개최 금지조항으로 인하여 일반 유권자가 받는 집회의 자유, 정치적 표현의 자유에 대한 제약이 달성되는 공익보다 중대하므로 법익의 균형성에도 위배된다. 따라서 집회개최 금지조항은 과잉금지원칙에 반하여 집회의 자유, 정치적 표현의 자유를 침해한다』(헌재 2022.7.21. 2018헌바357 등).

기출지문 누구든지 선거기간 중 선거에 영향을 미치게 하기 위하여 그 밖의 집회나 모임을 개최할 수 없고, 이를 위반한 자를 처벌하도록 규정한 공직선거법 조항은 선거기간 중에도 국민들이 제기하는 건전한 비판과 여론 형성을 금지하는 것은 아니므로 집회의 자유를 침해한다고 할 수 없다. [23 법원9급] (×)

헌법불합치

078 「현수막, 그 밖의 광고물 설치·게시, 그 밖의 표시물 착용, 벽보 게시, 인쇄물 배부·게시 등을 금지한 사건」

「공직선거법」상 대통령선거·국회의원선거·지방선거가 순차적으로 맞물려 돌아가는 현실에서 선거일 전 180일부터 선거일까지 장기간 광고물을 설치·게시하는 행위를 금지·처벌하는 것은 후보자와 일반 유권자의 정치적 표현의 자유를 과도하게 제한하는 것이다. [23 국회8급]

| 해 설 | 『공직선거법상 대통령선거, 국회의원선거, 지방선거가 순차적으로 맞물려 돌아가는 현실에서, 선거일 전 180일부터 선거일까지 장기간에 걸쳐 현수막, 광고물의 설치·게시 및 표시물의 착용에 의한 정치적 표현을 포괄적으로 규제하는 것은 당초의 입법취지에서 벗어나 선거와 관련한 국민의 자유로운 목소리를 상시적으로 억압하는 결과를 초래할 수 있다. … 따라서 일정기간 동안 선거에 영향을 미치게 하기 위한 현수막, 광고물의 설치·게시나 표시물의 착용을 금지하는 공직선거법상 시설물설치 등 금지조항은 과잉금지원칙에 반하여 정치적 표현의 자유를 침해한다』(헌재 2022. 7.21. 2017헌바100 등). (목 ○ 수 ○ 해 × 법 ×)

헌법불합치

079 일정기간 선거에 영향을 미치게 하기 위한 현수막, 그 밖의 광고물의 게시를 금지하는 공직선거법상 '시설물설치 등 금지조항'은 정치적 표현의 자유를 침해한다.

| 해 설 | 『시설물설치 등 금지조항은 선거에서의 균등한 기회보장과 선거의 공정성 확보를 위한 것이다. 그러나 선거에서의 기회 불균형 등의 문제는 선거비용 제한·보전 제도 등 공직선거법상의

기존의 규제와 매체의 종류, 비용 등을 제한하는 수단을 통해서도 방지할 수 있으며, 무분별한 흑색선전, 허위사실유포 등에 대한 규제도 공직선거법에 이미 도입되어 있는바, 시설물설치 등 금지조항은 입법목적 달성을 위하여 필요한 범위를 넘어 현수막, 그 밖의 광고물의 게시를 통한 정치적 표현을 장기간 동안 포괄적으로 금지·처벌하고 있으므로 침해의 최소성에 반한다. 또한 시설물설치 등 금지조항으로 인하여 유권자나 후보자가 받는 정치적 표현의 자유에 대한 제약이 달성되는 공익보다 중대하므로 법익의 균형성에도 위배된다. 따라서 시설물설치 등 금지조항은 과잉금지원칙에 반하여 정치적 표현의 자유를 침해한다』(헌재 2022.7.21. 2018헌바357 등).

헌법불합치

080 일정기간 선거에 영향을 미치게 하기 위한 광고, 문서·도화의 첨부·게시를 금지하는 공직선거법상 '문서·도화게시 등 금지조항'은 정치적 표현의 자유를 침해한다. [24 법행]

| 해 설 | 헌재 2022.7.21. 2018헌바357 등

헌법불합치

081 선거운동기간 중 어깨띠 등 표시물을 사용한 선거운동을 금지하고 처벌하는 공직선거법 관련 규정은 정치적 표현의 자유를 침해한다. [24 법행]

| 해 설 | 헌재 2022.7.21. 2017헌가4

헌법불합치

082 일정기간 동안 선거에 영향을 미치게 하기 위한 벽보 게시, 인쇄물 배부·게시를 금지하고 처벌하는 공직선거법 관련 규정은 정치적 표현의 자유를 침해한다. [24 법행]

| 해 설 | 헌재 2023.3.23. 2023헌가4

헌법불합치

083 선거일 전 180일부터 선거일까지 선거에 영향을 미치게 하기 위하여 화환의 설치를 금지하는 것은 정치적 표현의 자유를 침해한다.

| 해 설 | 『심판대상조항은 선거일 전 180일부터 선거일까지라는 장기간 동안 선거와 관련한 정치적 표현의 자유를 광범위하게 제한하고 있다. 화환의 설치는 경제적 차이로 인한 선거 기회 불균형을 야기할 수 있으나, 그러한 우려가 있다고 하더라도 공직선거법상 선거비용 규제 등을 통해서 해결할 수 있다. 또한 공직선거법상 후보자 비방 금지 규정 등을 통해 무분별한 흑색선전 등의 방지도 가능하다. 이러한 점들을 종합하면, 심판대상조항은 목적 달성에 필요한 범위를 넘어 장기간 동안 선거에 영향을 미치게 하기 위한 화환의 설치를 금지하는 것으로, 과잉금지원칙에 위반되어 정치적 표현의 자유를 침해한다』(헌재 2023.6.29. 2023헌가12).

> **기출지문** 누구든지 선거일 전 180일부터 선거일까지 선거에 영향을 미치게 하기 위하여 화환을 설치하는 것을 금지하는 「공직선거법」 규정은 정치적 표현의 자유를 침해한다고 볼 수 없다. [24 국회8급] (×)

위헌　　　　　　　　　　　　　　　　　　　　　　　「지방공사 상근직원의 경선운동 금지 사건」

084 안성시시설관리공단의 상근직원이 당원이 아닌 자에게도 투표권을 부여하는 당내경선에서 경선운동을 할 수 없도록 금지·처벌하는 것은 정치적 표현의 자유를 침해한다.

| 해 설 | 헌재 2022.12.22. 2021헌가36

위헌　　　　　　　　　　　　　　　　　　　　　　　「지방공사 상근직원의 경선운동 금지 사건」

085 서울교통공사의 상근직원은 서울교통공사의 경영에 관여하거나 실질적인 영향력을 미칠 수 있는 권한이 있다고 인정하기 어려우므로, 당원이 아닌 자에게도 투표권을 부여하여 실시하는 당내경선에서 서울교통공사의 상근직원이 경선운동을 할 수 없도록 일률적으로 금지·처벌하는 것은 정치적 표현의 자유를 과도하게 제한하는 것이다.　　　　　　[23 법원9급]

| 해 설 | 헌재 2022.6.30. 2021헌가24

※ 위에 있는 헌재 2021.4.29. 2019헌가11 판례(광주광역시 광산구 시설관리공단의 상근직원에게 당내경선에서 경선운동을 할 수 없도록 금지·처벌한 사건), 헌재 2022.12.22. 2021헌가36(안성시시설관리공단의 상근직원이 당원이 아닌 자에게도 투표권을 부여하는 당내경선에서 경선운동을 할 수 없도록 금지·처벌한 사건)와 같은 취지이다.

[비교판례] 농업협동조합법·수산업협동조합법에 의하여 설립된 협동조합의 상근직원에 대하여 선거운동을 금지하는 것은 헌법에 위반되지 않는다는 최신판례가 있으니 비교해 두자(헌재 2022.11.24. 2020헌마417).

위헌　　　　　　「변호사 광고의 내용, 방법 등을 규제하는 대한변호사협회의 변호사 광고에 관한 규정 사건」

086 변호사 또는 소비자로부터 대가를 받고 법률상담 또는 사건들을 소개·알선·유인하기 위하여 변호사 등을 광고·홍보·소개하는 행위를 금지하는 대한변호사협회의 '변호사광고에 관한 규정'중 대가수수 광고금지규정은 과잉금지원칙을 위반하여 청구인들의 표현의 자유를 침해한다.　　　　　　[23 경찰간부·23 법행·23 법무사·23 국회8급]

| 해 설 | 헌재 2022.5.26. 2021헌마619
※ 이른바 '로톡' 어플리케이션 사건이다.

기각

087 변호사에 대하여 공정한 수임질서를 저해할 우려가 있는 무료 또는 부당한 염가의 수임료를 표방하거나 무료 또는 부당한 염가의 법률상담 방식을 내세운 광고를 금지하는 것은, 무고한 법률 소비자들의 피해를 막고 정당한 수임료나 법률상 상담료를 제시하는 변호사들을 보호함으로써 공정한 수임질서를 확립하기 위한 것으로 과잉금지원칙에 위배되지 아니한다.　　　　　　[23 법무사]

| 해 설 | 헌재 2022.5.26. 2021헌마619

위헌　　　　　　　　　　　　　　　　　　　　　　　「공직선거법상 후보자 비방금지 조항 사건」

088 공직선거법 제251조에 규정된 '후보자 비방금지 조항'은 ① 명확성의 원칙에 위배되지는 않는다. 그러나 ② 목적의 정당성과 수단의 적합성이 인정되지만, 침해의 최소성과 법익의 균형성에 반하여 과잉금지원칙에 위배되어 정치적 표현의 자유를 침해한다.

| 해 설 | 『[1] 청구인은 심판대상조항이 양심의 자유를 침해한다는 취지로 주장한다. 그러나 스스로의 의사에 의하여 공직선거 후보자의 낙선을 목적으로 허위의 사실을 공표하거나 공연히 사실을 적시하여 후보자가 되고자 하는 자를 비방하는 행위는 단순한 의견의 표현행위에 불과하므로, 심판대상조항이 과잉금지원칙에 위배되어 정치적 표현의 자유를 침해하는지 여부를 살펴보는 이상 양심의 자유 침해 주장에 대하여는 별도로 판단하지 아니한다.

[2] 정치적 표현의 자유의 헌법상 지위와 성격, 선거의 공정성과의 관계 등에 비추어 볼 때, 입법자는 선거의 공정성을 보장하기 위해서 부득이하게 선거 국면에서의 정치적 표현의 자유를 제한하더라도, 입법목적 달성과의 관련성이 구체적이고 명백한 범위 내에서 가장 최소한의 제한에 그치는 수단을 선택하지 않으면 안 된다. 정치적 표현에 대하여는 '자유를 원칙으로, 금지를 예외로' 하여야 하고, '금지를 원칙으로, 허용을 예외로' 해서는 안 된다는 점은 자명하다. 따라서 선거운동 등에 대한 제한이 정치적 표현의 자유를 침해하는지 여부를 판단함에 있어서는 표현의 자유의 규제에 관한 판단기준으로서 엄격한 심사기준을 적용하여야 한다.

[3] 이 사건 비방금지 조항은 과잉금지원칙에 위배되어 정치적 표현의 자유를 침해한다.』(헌재 2024. 6.27. 2023헌바78).

> **기출지문** 당선되거나 되게 하거나 되지 못하게 할 목적으로 공연히 사실을 적시하여 '후보자가 되고자 하는 자'를 비방한 자를 처벌하는 「공직선거법」 조항의 해당 부분은, 후보자가 되고자 하는 자에 대한 사실적시 비방행위를 일반인에 대한 사실적시 명예훼손행위보다 더 중하게 처벌하는 것으로, 스스로 공론의 장에 뛰어든 사람의 명예를 일반인의 명예보다 더 두텁게 보호하는 결과가 초래되어, 의견의 표현행위로서 비방한 자의 정치적 표현의 자유를 침해한다. [24 경찰간부] (○)

합헌　　　　　　　　　　　　　　　　　　　　　　　　　「공직선거법상 허위사실공표금지조항 사건」

089 공직선거법 제251조 제1항에 규정된 '허위사실공표금지 조항'은 ① 명확성의 원칙에 위배되지 않고, ② 과잉금지원칙에 위배되어 정치적 표현의 자유를 침해하지 않는다.

| 해 설 | 헌재 2024.6.27. 2023헌바78

기각　　　　　　　　　　　　　　　　　　　　　　　　　「공공기관등 게시판 본인확인제 사건」

090 공공기관등이 게시판을 설치·운영하려면 그 게시판 이용자의 본인 확인을 위한 방법 및 절차의 마련 등 대통령령으로 정하는 필요한 조치를 하도록 정한 '정보통신망 이용촉진 및 정보보호 등에 관한 법률' 규정은 익명표현의 자유를 침해하지 않는다.

| 해 설 | 『공공기관등이 게시판을 설치·운영하려면 그 게시판 이용자의 본인 확인을 위한 방법 및 절차의 마련 등 대통령령으로 정하는 필요한 조치를 하도록 정한 '정보통신망 이용촉진 및 정보보호 등에 관한 법률' 관련규정은 익명표현의 자유를 침해하지 않는다.』(헌재 2022.12.22. 2019헌마654).

※ 인터넷게시판을 설치·운영하는 정보통신서비스 제공자에게 본인확인조치의무를 부과하여 게시판 이용자로 하여금 본인 확인절차를 거쳐야만 게시판을 이용할 수 있도록 규정한 것이 헌법에 위반된다는 판례(헌재 2012.8.23. 2010헌마47 등)과 반드시 구별해야 한다. 해당 내용은 기출문제집 제4판 278번 문제의 ①번 지문 참조.

> **기출지문** 공공기관 등이 설치·운영하는 모든 게시판에 본인확인조치를 한 경우에만 정보를 게시하도록 하는 것은 게시판에 자신의 사상이나 견해를 표현하고자 하는 사람에게 표현의 내용과 수위 등에 대한 자기검열 가능성을 높이는 것이므로 익명표현의 자유를 침해한다. [23 경찰간부] (×)

[합헌]
091 공직선거법 제104조 중 '누구든지 이 법의 규정에 의한 공개장소에서의 연설·대담장소에서 기타 어떠한 방법으로도 연설·대담장소 등의 질서를 문란하게 하거나' 부분은 명확성원칙에 위배되지 않고, 정치적 표현의 자유를 침해하지 않는다.

| 해 설 | 헌재 2023.5.25. 2019헌가13

[합헌]
092 종교단체 내에서의 직무상 행위를 이용하여 그 구성원에 대한 선거운동을 금지하고 이를 위반한 자를 처벌하는 공직선거법 해당 조항은 명확성원칙에 위배되지 않고, 선거운동 등 정치적 표현의 자유를 침해하지 않는다. [24 법행]

| 해 설 | 『1. 청구인들은 직무이용 제한조항이 종교의 자유도 침해한다고 주장하나, 위 조항은 종교적 신념 자체 또는 종교의식, 종교교육, 종교적 집회·결사의 자유 등을 제한하는 것이 아니라, 단지 종교단체 내에서 직무상 지위를 이용한 선거운동을 제한하는 것이므로 그로 인해 종교의 자유가 직접적으로 제한된다고 보기 어렵다. 따라서 직무이용 제한조항이 종교의 자유를 침해하는지 여부에 대해서는 따로 살펴보지 않는다. [24 경찰간부]
2. 심판대상조항은 선거운동 등 정치적 표현의 자유를 제한하지만 과잉금지원칙을 위반하여 선거운동 등 정치적 표현의 자유를 침해하지는 않는다』(헌재 2024.1.25. 2021헌바233 등).

[합헌]
093 공개장소에서의 연설·대담장소 또는 대담·토론회장에서 연설·대담·토론용으로 사용하는 경우를 제외하고는 선거운동을 위하여 확성장치를 사용할 수 없도록 한 공직선거법 해당 조항은 정치적 표현의 자유를 제한하지만 침해하지 않는다.

| 해 설 | 『확성장치에 의해 기계적으로 유발되는 소음은 자연적으로 발생하는 생활소음에 비하여 상대적으로 큰 피해를 유발할 가능성이 높고, 또한 일반 국민의 생업에 지장을 초래할 수도 있는 점, 모든 종류의 공직선거 때마다 확성장치로 인한 소음을 감내할 것을 요구하기 어려운 점, 선거운동에서 다소 전통적인 수단이라고 할 수 있는 확성장치의 사용을 규제한다고 하더라도 후보자로서는 보다 접근이 용이한 다른 선거운동방법을 활용할 수 있는 점, 확성장치의 출력수나 사용시간을 규제하는 입법이 확성장치사용 자체를 제한하는 방안과 동등하거나 유사한 효과를 불러온다고 보기 어려운 점 등을 종합하면, 확성장치사용 금지조항은 침해의 최소성에 어긋나지 않는다. 나아가 확성장치사용 금지조항이 달성하고자 하는 공익이 그로써 제한되는 정치적 표현의 자유보다 작다고 할 수 없으므로, 위 조항은 법익의 균형성에도 어긋나지 않는다. 따라서 확성장치사용 금지조항은 과잉금지원칙에 반하여 정치적 표현의 자유를 침해하지 않는다』(헌재 2022.7.21. 2017헌바100 등).

> **기출지문** 공개장소에서의 연설·대담장소 또는 대담·토론회장에서 연설·대담·토론용으로 사용하는 경우를 제외하고는 선거운동을 위하여 확성장치를 사용할 수 없도록 한 공직선거법 조항은 과잉금지원칙에 반하여 정치적 표현의 자유를 침해한다. [24 법무사] (×)

094 [기각] 수신료 징수업무를 지정받은 자가 수신료를 징수하는 때 그 고유업무와 관련된 고지행위와 결합하여 이를 행해서는 안 된다고 규정한 방송법 관련규정은 청구인 한국방송공사의 방송운영의 자유를 침해하지 않는다.

| 해 설 | 헌재 2024.5.30. 2023헌마820 등

판례정리 ─ 표현의 자유 관련 합헌판례 문구 모음

① 건강기능식품이 아닌 일반식품에 "다이어트", "체중감량", "디톡스", "저염", "저당", "고단백" 등의 문구 등을 표기할 수 없도록 하는 식품표시광고법 관련 규정은 직업의 자유와 표현의 자유를 제한하지만 침해하지 않는다. (2019헌마1328)

② 정보통신망을 통하여 음란한 화상 또는 영상을 공공연하게 전시하여 유통하는 것을 금지하고 이를 위반하는 자를 처벌하도록 정한 것은 표현의 자유를 침해하지 않는다. (2019헌바305)

③ 정치자금법에 정하지 않은 방법으로 정치자금을 기부받는 것을 금지하는 조항은 정치인에게 기부하는 자의 정치활동 내지 정치적 표현의 자유를 제한하지만 침해하지 않는다. (2020헌바402)

④ 성범죄자의 공개정보를 확인한 자는 공개정보를 활용하여 정보통신망을 이용한 공개 행위를 하여서는 아니 된다고 규정한 것은 표현의 자유를 제한하지만 침해하지 않는다. (2020헌마801)

⑤ 장교가 군무와 관련된 고충사항을 집단으로 진정 또는 서명하는 행위를 하는 것을 금지하고 있는 '군인의 지위 및 복무에 관한 기본법' 규정은 표현의 자유를 제한하지만 침해하지 않는다. (2021헌마1258)

⑥ 의약외품이 아닌 것을 용기·포장 또는 첨부 문서에 의학적 효능·효과 등이 있는 것으로 오인될 우려가 있는 표시를 하거나, 이와 같은 의약외품과 유사하게 표시된 것을 판매하는 것을 금지하고 처벌하는 것은 표현의 자유와 직업의 자유를 제한하지만 침해하지 않는다. (2022헌바204)

▶ 알 권리

095 [위헌] 국회 정보위원회 회의를 공개하지 아니한다고 정하고 있는 국회법 제54조의2 제1항 본문은 알 권리를 침해하고 국회 의사공개원칙에 위배되어 헌법에 위반된다. [24.22 법원9급]

| 해 설 | 『헌법 제50조 제1항으로부터 일체의 공개를 불허하는 절대적인 비공개가 허용된다고 볼 수는 없는바, 특정한 내용의 국회의 회의나 특정 위원회의 회의를 일률적으로 비공개한다고 정하면서 공개의 여지를 차단하는 것은 헌법 제50조 제1항에 부합하지 아니한다』(헌재 2022.1.27. 2018헌마1162).

096 [합헌] 신문의 편집인 등으로 하여금 아동보호사건에 관련된 아동학대 행위자를 특정하여 파악할 수 있는 인적사항 등을 신문 등 출판물에 싣거나 방송매체를 통하여 방송할 수 없도록 하는 「아동학대범죄의 처벌 등에 관한 특례법」상 보도금지 조항은 국민의 알권리를 침해하지 않는다. [23 경찰간부·23 지방7급]

| 해 설 | 『아동학대행위자 대부분은 피해아동과 평소 밀접한 관계에 있으므로, 행위자를 특정하여 파악할 수 있는 식별정보를 신문, 방송 등 매체를 통해 보도하는 것은 피해아동의 사생활 노출 등 2차 피해로 이어질 가능성이 매우 높다. … 따라서 보도금지조항은 언론·출판의 자유와 국민의 알 권리를 침해하지 않는다』(헌재 2022.10.27. 2021헌가4).

[합헌]

097 공정거래위원회의 처분과 관련된 자료를 대상으로 한 당사자의 열람·복사 요구에 대하여 공정위로 하여금 자료를 제출한 자의 동의가 있거나 공익상 필요하다고 인정할 때에는 이에 응하도록 하여 특정한 경우 열람·복사 요구를 거부할 수 있도록 한 것은 알 권리를 제한하지만 침해하지 않는다.

| 해 설 | 헌재 2023.7.20. 2019헌바417

▶ 집회·결사의 자유

[헌법불합치] 「대통령 관저 인근 집회금지 사건」

098 대통령 관저의 경계 지점으로부터 100미터 이내의 장소에서는 옥외집회 또는 시위를 금지하고 위반시 형사처벌한다고 규정한 것은 집회의 자유를 침해한다. [23 경찰간부]

| 해 설 | 『심판대상조항은 대통령과 그 가족의 신변 안전 및 주거 평온을 확보하고, 대통령 등이 자유롭게 대통령 관저에 출입할 수 있도록 하며 경우에 따라서는 대통령의 원활한 직무수행을 보장함으로써, 궁극적으로는 대통령의 헌법적 기능 보호를 목적으로 한다. 심판대상조항은 대통령 관저 인근 일대를 광범위하게 집회금지장소로 설정함으로써, 집회가 금지될 필요가 없는 장소까지도 집회금지장소에 포함되게 한다. 대규모 집회 또는 시위로 확산될 우려가 없는 소규모 집회의 경우, 심판대상조항에 의하여 보호되는 법익에 대해 직접적인 위협이 될 가능성은 낮고, 이러한 집회가 대통령 등의 안전이나 대통령 관저 출입과 직접적 관련이 없는 장소에서 열릴 경우에는 위험성은 더욱 낮아진다. 또한, '집회 및 시위에 관한 법률' 및 '대통령 등의 경호에 관한 법률'은 폭력적이고 불법적인 집회에 대처할 수 있는 다양한 수단을 두고 있다. 이러한 점을 종합하면, 심판대상조항은 과잉금지원칙에 위배되어 집회의 자유를 침해한다』(헌재 2022.12.22. 2018헌바48 등).

(목 ○ 수 ○ 해 × 법 ×)

[헌법불합치]

099 국회의장 공관의 경계 지점으로부터 100미터 이내의 장소에서의 옥외집회 또는 시위를 일률적으로 금지하고, 이를 위반한 집회·시위의 참가자를 처벌하는 것은 과잉금지원칙에 반하여 집회의 자유를 침해한다.

| 해 설 | 『심판대상조항은 국회의장 공관 인근 일대를 광범위하게 전면적인 집회 금지 장소로 설정함으로써 입법목적 달성에 필요한 범위를 넘어 집회의 자유를 과도하게 제한하고 있는바, 과잉금지원칙에 반하여 집회의 자유를 침해한다』(헌재 2023.3.23. 2021헌가1).

(목 ○ 수 ○ 해 × 법 ×)

[기출지문] 국회의장 공관의 경계 지점으로부터 100미터 이내의 장소에서의 옥외집회 또는 시위를 일률적으로 금지하고, 이를 위반한 집회·시위의 참가자를 처벌하는 구 「집회 및 시위에 관한 법률」 조항은 국회의

장의 원활한 직무 수행, 공관 거주자 등의 신변 안전, 주거의 평온, 공관으로의 자유로운 출입 등이 저해될 위험이 있음을 고려한 것으로 집회의 자유를 침해하지 않는다. [24 경정승진] (×)

위헌

「집회·시위를 위한 인천애뜰 잔디마당의 사용을 제한하는 인천광역시 조례 사건」

100 집회 또는 시위를 하기 위하여 인천애(愛)뜰 중 잔디마당과 그 경계 내 부지에 대한 사용허가 신청을 한 경우 인천광역시장이 이를 허가할 수 없도록 제한하는 인천애(愛)뜰의 사용 및 관리에 관한 조례는 법률유보원칙과 사전허가금지원칙에는 위배되지는 않지만, 과잉금지원칙에 위배되어 집회의 자유를 침해한다. [24 경찰1차]

| 해 설 | 『1. 조례에 대한 법률의 위임은 법규명령에 대한 법률의 위임과 같이 반드시 구체적으로 범위를 정할 필요가 없으며, 포괄적으로도 할 수 있다. 이 사건 조례는 지방자치법 제13조 제2항 제1호 자목 및 제5호 나목 등에 근거하여 인천광역시가 소유한 공유재산이자 공공시설인 인천애뜰의 사용 및 관리에 필요한 사항을 규율하기 위하여 제정되었고, 심판대상조항은 잔디마당과 그 경계 내 부지의 사용 기준을 정하고 있다. 그렇다면 심판대상조항은 법률의 위임 내지는 법률에 근거하여 규정된 것이라고 할 수 있으므로 법률유보원칙에 위배되지 않는다.
2. 심판대상조항은 잔디마당에서 집회 또는 시위를 하려고 하는 경우 시장이 그 사용허가를 할 수 없도록 전면적·일률적으로 불허하고, '허가제'의 핵심 요소라 할 수 있는 '예외적 허용'의 가능성을 열어 두고 있지 않다. 그렇다면 심판대상조항은 집회에 대한 허가제를 규정하였다고 보기 어렵다.
3. 집회의 장소로 잔디마당을 선택할 자유는 원칙적으로 보장되어야 한다. 인천광역시로서는 시청사 보호를 위한 방호인력을 확충하고 청사 입구에 보안시설물을 설치하는 등의 대책을 마련함으로써, 잔디마당에서의 집회·시위를 전면적으로 제한하지 않고도 입법목적을 충분히 달성할 수 있다. 일반인에게 개방되어 자유로운 통행과 휴식 등을 위한 공간으로 활용되고 있는 잔디마당의 현황과 실제 운영방식을 고려하면, 잔디마당이 국토계획법상 공공청사 부지에 속한다는 사정을 집회의 자유를 전면적·일률적으로 제한할 수 있는 근거로 삼을 수 없다. 심판대상조항에 의하여 잔디마당을 집회 장소로 선택할 자유가 완전히 제한되는바, 공공에 위험을 야기하지 않고 시청사의 안전과 기능에도 위협이 되지 않는 집회나 시위까지도 예외 없이 금지되는 불이익이 발생한다. 그렇다면 심판대상조항은 과잉금지원칙에 위배되어 청구인들의 집회의 자유를 침해한다』(헌재 2023.9.26. 2019헌마1417). (목 ○ 수 ○ 해 × 법 ×)

합헌

101 국내 주재 외교기관 인근의 옥외집회 또는 시위를 예외적으로 허용하는 구 '집회 및 시위에 관한 법률' 관련규정은 명확성원칙에 위배되지 않고, 집회의 자유를 침해하지 않는다.

| 해 설 | 『1. 심판대상조항은 입법자가 법률로써 직접 집회의 장소적 제한을 규정한 것으로, 행정청이 주체가 되어 집회의 허용 여부를 사전에 결정하는 것이 아니므로 헌법 제21조 제2항의 허가제 금지에 위배되지 않는다.
2. 심판대상조항은 외교기관의 기능보장과 안전보호를 달성하기 위한 것으로 외교기관의 기능이나 안녕을 침해할 우려가 없다고 인정되는 세 가지의 예외적인 경우에는 집회, 시위를 허용하고 있어 집회의 자유를 침해하지 않는다』(헌재 2023.7.20. 2020헌바131).

합헌

102 감염병을 예방하기 위하여 집회를 제한하거나 금지하는 구 '감염병의 예방 및 관리에 관한 법률' 규정들은 집회의 자유를 제한하지만 침해한다고 볼 수 없다.

| 해 설 | 헌재 2024.8.29. 2022헌바177 등

합헌

103 집회 또는 시위의 주최자가 확성기 등을 사용하여 기준을 초과하는 소음을 발생시키는 것을 금지하고 관할경찰관서장의 기준 이하 소음유지명령이나 확성기 등 사용중지명령을 위반한 경우 처벌하는 것은 집회의 자유를 제한하지만 침해하지 않는다.

| 해 설 | 헌재 2024.3.28. 2020헌바586

합헌

104 운송사업자로 구성된 협회로 하여금 화물자동차 운송사업 연합회에 강제로 가입하게 하고 임의로 탈퇴할 수 없도록 하는 것은 결사의 자유를 침해하지 않는다.

| 해 설 | 헌재 2022.2.24. 2018헌가8

합헌

105 농업협동조합중앙회(이하 '농협중앙회') 회장선거의 관리를 농협중앙회의 자율에 맡기지 않고 「선거관리위원회법」에 따른 중앙선거관리위원회에 의무적으로 위탁하도록 한 「농업협동조합법」 조항은 농협중앙회 및 회원조합의 결사의 자유를 침해한다고 볼 수 없고, 평등원칙에 위반되지 않는다. [24 경찰간부]

| 해 설 | 헌재 2023.5.25. 2021헌바136

합헌

106 조합장선거에서 후보자가 아닌 사람의 선거운동을 금지하는 「공공단체등 위탁선거에 관한 법률」 조항은, 조합장선거의 과열과 혼탁을 방지함으로써 선거의 공정성을 담보하고자 하는 것으로서, 조합장선거의 후보자 및 선거인인 조합원의 결사의 자유 등 기본권을 침해하지 아니한다. [24 경찰간부]

| 해 설 | 헌재 2024.2.28. 2021헌가16

▶ 학문과 예술의 자유

107 대학의 자율성에서 교원에게 그와 관련된 영역에서 주도적인 역할을 인정한다고 하여, 교육과 연구에 관한 사항은 모두 교원이 전적으로 결정할 수 있어야 한다는 의미는 아니다.

| 해 설 | 『대학의 학문과 연구 활동에서 중요한 역할을 담당하는 교원에게 그와 관련된 영역에서 주도적인 역할을 인정하는 것은 대학의 자율성의 본질에 부합하고 필요하나, 이것이 교육과 연구

에 관한 사항은 모두 교원이 전적으로 결정할 수 있어야 한다는 의미는 아니다』(헌재 2023.10.26. 2018헌마872).

> **기출지문** 대학의 학문과 연구 활동에서 중요한 역할을 담당하는 교원에게 그와 관련된 영역에서 주도적인 역할을 인정하는 것은 대학의 자율성의 본질에 부합하고 필요하며, 그것은 교육과 연구에 관한 사항은 모두 교원이 전적으로 결정할 수 있어야 한다는 의미이다. [24 경찰2차] (×)

기각
108 교원, 직원, 학생 등 대학평의원회의 각 구성단위에 속하는 평의원의 수가 전체 평의원 정수의 2분의 1을 초과할 수 없도록 규정한 것은 국·공립대학 교수회 및 교수들의 대학의 자율권을 침해하지 않는다.

| 해 설 | 헌재 2023.10.26. 2018헌마872

기각
109 학칙의 제정 또는 개정에 관한 사항 등 대학평의원회의 심의사항을 규정한 「고등교육법」 조항은 국·공립대학 교수회 및 교수들의 대학의 자율권을 침해하지 않는다.

| 해 설 | 『이 사건 심의조항은 대학 구성원이 학교 운영의 기본사항에 대한 의사결정 과정에 참여할 수 있는 기회를 절차적으로 보장하는 것으로서, 연구에 관한 사항은 대학평의원회의 심의사항에서 제외하고 있는 점, 교육과정 운영에 관한 사항은 대학평의원회의 자문사항에 해당하는 점, 심의결과가 대학의 의사결정을 기속하지 않는 점 등을 고려할 때 이 사건 심의조항이 연구와 교육 등 대학의 중심적 기능에 관한 자율적 의사결정을 방해한다고 볼 수 없으며, 학교운영이 민주적 절차에 따라 공정하고 투명하게 이루어질 수 있도록 하기 위한 것으로서 합리적 이유가 인정된다. 따라서 이 사건 심의조항이 국·공립대학 교수회 및 교수들의 대학의 자율권을 침해한다고 볼 수 없다』(헌재 2023.10.26. 2018헌마872).

> **기출지문** 학칙의 제정 또는 개정에 관한 사항 등 대학평의원회의 심의사항을 규정한 「고등교육법」 조항은 연구와 교육 등 대학의 중심적 기능에 관한 자율적 의사결정을 방해한다고 볼 수 있어, 국·공립대학 교수회 및 교수들의 대학의 자율권을 침해한다. [24 경찰2차] (×)

▶ **직업의 자유**

위헌 「아동학대관련범죄전력자 어린이집 취업제한 사건」
110 아동학대관련범죄로 벌금형이 확정된 날부터 10년이 지나지 아니한 사람은 어린이집을 설치·운영하거나 어린이집에 근무할 수 없고, 같은 이유로 보육교사 자격이 취소되면 그 취소된 날부터 10년간 자격을 재교부받지 못하도록 한 영유아보육법과 아동복지법 관련 조항은 직업선택의 자유를 침해한다.

| 해 설 | 『심판대상조항은 목적의 정당성과 수단의 적합성이 인정되나, 아동학대관련범죄전력자에 대해 범죄전력만으로 장래에 동일한 유형의 범죄를 다시 저지를 것이라고 단정하기는 어려움에도 불구하고, 심판대상조항은 오직 아동학대관련범죄전력에 기초해 10년이라는 기간 동안 일률적으로

취업제한의 제재를 부과하는 점, 이 기간 내에는 취업제한 대상자가 그러한 제재로부터 벗어날 수 있는 어떠한 기회도 존재하지 않는 점, 재범의 위험성에 대한 사회적 차원의 대처가 필요하다 해도 개별 범죄행위의 태양을 고려한 위험의 경중에 대한 판단이 있어야 하는 점 등에 비추어 볼 때, 심판대상조항은 침해의 최소성 요건을 충족했다고 보기 어렵다. 이러한 점을 고려하면 심판대상조항은 과잉금지원칙에 위배되어 직업선택의 자유를 침해한다』(헌재 2022.9.29. 2019헌마813).

(목 ○ 수 ○ 해 × 법 ×)

인용(위헌확인)

111 감염병의 유행은 일률적이고 광범위한 기본권 제한을 허용하는 면죄부가 될 수 없고, 감염병의 확산으로 인하여 의료자원이 부족할 수도 있다는 막연한 우려를 이유로 확진환자 등의 국가시험응시를 일률적으로 금지하는 것은 직업선택의 자유를 과도하게 제한한 것이다. [23 법학경채]

| 해 설 | 『1. 시험장 개수가 확대됨으로써 응시자들이 분산되고, 시험장 내에서 마스크를 착용하게 함으로써 비말이 전파될 가능성을 최소화할 수 있으며, 자가격리자나 유증상자는 별도의 장소에서 시험에 응시하도록 하는 등 시험장에서의 감염위험을 예방하기 위한 각종 장치가 마련된 사정을 고려할 때, 피청구인으로서는 응시자들의 응시 제한을 최소화하는 방법을 택하여야 할 것이다. 감염병의 유행은 일률적이고 광범위한 기본권 제한을 허용하는 면죄부가 될 수 없고, 감염병의 확산으로 인하여 의료자원이 부족할 수도 있다는 막연한 우려를 이유로 확진환자 등의 응시를 일률적으로 금지하는 것은 청구인들의 기본권을 과도하게 제한한 것이라고 볼 수밖에 없다.

2. 피청구인은 시험장 출입 시나 시험 중에 발열이나 호흡기 증상이 발현된 사람을 일반 시험실과 분리된 예비 시험실에서 시험에 응시할 수 있도록 하고 있으므로 이를 통해 감염병 확산 방지의 목적을 충분히 달성할 수 있다. 또한 감염병 증상이 악화된 응시자는 본인의 의사에 따라 응시 여부를 판단할 수 있게 하더라도 시험의 운영이나 관리에 심각한 지장이 초래될 것이라고 보기 어렵다. 따라서 이 사건 알림 중 고위험자를 의료기관에 이송하도록 한 부분은 청구인들의 직업선택의 자유를 침해한다』(헌재 2023.2.23. 2020헌마1736).

(목 ○ 수 ○ 해 × 법 ×)

기출지문 고위험자의 정의나 판단기준을 정하고 있지 않다고 하더라도, 시험장 출입 시 또는 시험 중에 37.5도 이상의 발열이나 기침 또는 호흡곤란 등의 호흡기 증상이 있는 응시자 중 국가시험 주관부서의 판단에 따른 고위험자를 의료기관에 일률적으로 이송하도록 하는 것은 피해의 최소성을 충족한다. [23 법학경채]

(×)

위헌

112 집단급식소에 근무하는 영양사의 직무를 규정한 조항인 식품위생법 제52조 제2항(직무수행 조항)을 위반한 자를 처벌하는 것은 헌법에 위반된다.

| 해 설 | 심판대상조항은 죄형법정주의의 명확성원칙에 위반되었다는 의견 5인, 과잉금지원칙에 위반되었다는 의견 2인으로 위헌결정 되었다(헌재 2023.3.23. 2019헌바141). 만약 시험에 나온다면 위헌인지 아닌지를 구별하는 문제로 출제될 것이므로 위헌취지에 맞춰 풀면 된다.

헌법불합치

113 시설경비업을 허가받은 경비업자로 하여금 허가받은 경비업무 외의 업무에 경비원을 종사하게 하는 것을 금지하고, 이를 위반한 경비업자에 대한 허가를 취소하도록 정하고 있는 것은 경비업자의 직업의 자유를 침해한다. [23 경찰2차 · 23 경찰간부]

| 해 설 | 『심판대상조항은 목적의 정당성과 수단의 적합성은 인정된다. 그러나 비경비업무의 수행이 경비업무의 전념성을 직접적으로 해하지 아니하는 경우가 있음에도 불구하고, 심판대상조항은 경비업무의 전념성이 훼손되는 정도를 고려하지 아니한 채 경비업자가 경비원으로 하여금 비경비업무에 종사하도록 하는 것을 일률적·전면적으로 금지하는 것은 침해의 최소성에 위배되고 법익의 균형성에도 반하는 등 과잉금지원칙에 위반하여 시설경비업을 수행하는 경비업자의 직업의 자유를 침해한다』(헌재 2023.3.23. 2020헌가19). (목 ○ 수 ○ 해 × 법 ×)

114 [합헌] 코로나19 팬데믹 사태로 약사가 환자에게 의약품을 교부함에 있어 그 교부방식을 환자와 약사가 협의하여 결정할 수 있도록 한시적 예외를 인정하였다고 해도 의약품의 판매장소를 약국 내로 제한하는 것은 국민의 건강과 직접 관련된 보건의료 분야라는 점을 고려할 때, 과잉금지원칙을 위반하여 약국개설자의 직업수행의 자유를 침해한다고 볼 수 없다. [23 법학경채]

| 해 설 | 헌재 2023.3.23. 2021헌바400

115 [합헌] 아동학대관련범죄로 처벌받은 어린이집 원장 또는 보육교사의 자격을 행정청으로 하여금 취소할 수 있도록 규정한 「영유아보육법」상 조항은 직업의 자유를 침해하지 않는다.

| 해 설 | 『어린이집 원장 또는 보육교사가 아동학대관련범죄로 처벌을 받은 경우 행정청이 재량으로 그 자격을 취소할 수 있도록 정한 것은 직업선택의 자유를 침해하지 않는다』(헌재 2023.5.25. 2021헌바234).

> [기출지문] 아동학대관련범죄로 처벌받은 어린이집 원장 또는 보육교사의 자격을 행정청으로 하여금 취소할 수 있도록 규정한 「영유아보육법」상 조항은 직업의 자유를 침해한다. [23 경찰간부] (×)

116 [합헌] 택시운송사업자는 생산고에 따른 임금을 제외한 고정급만으로 택시운전근로자에게 최저임금액 이상을 지급하도록 한 것은 택시운송사업자의 계약의 자유와 직업의 자유를 침해하지 않는다.

| 해 설 | 『1. 심판대상조항에 따라 택시운송사업자는 생산고에 따른 임금을 제외한 고정급만으로 택시운전근로자에게 최저임금액 이상을 지급하여야 한다. 심판대상조항이 임금의 구성에 관한 사용자와 근로자 간의 계약 내용을 제한한다는 측면에서는 헌법 제10조 행복추구권의 일반적 행동자유권에서 파생되는 사용자의 계약의 자유를 제한하고, 근로자를 고용하여 재화나 용역을 제공하는 사용자의 활동을 제한한다는 측면에서는 헌법 제15조의 직업의 자유를 제한한다.
2. 영리 획득의 기회나 사업 영위를 위한 사실적·법적 여건은 헌법상 보장되는 재산권에 속하지 아니한다. 따라서 심판대상조항이 택시운송사업자의 재산권을 제한한다고 볼 수 없다.
3. 계약의 자유나 직업의 자유도 절대적인 것은 아니므로 사회적 약자의 보호, 독점 방지, 실질적 평등, 경제 정의 등의 관점에서 법률상 제한될 수 있고, 다만 이 경우 헌법 제37조 제2항에 규정된 기본권 제한의 한계를 준수할 것이 요구된다.
4. 최저임금의 적용을 위한 비교대상 임금의 산입 방법 등은 개인의 본질적이고 핵심적인 자유 영역에 관한 것이라기보다 사회적 연관관계에 놓여 있는 경제 활동을 규제하는 사항에 해당한다고 볼 수 있으므로, 그 위헌성 여부를 심사함에 있어서는 완화된 심사기준이 적용된다.

5. 입법자는 경제현실의 역사와 미래에 대한 전망, 목적달성에 소요되는 경제적·사회적 비용, 당해 경제문제에 관한 국민 내지 이해관계인의 인식 등 제반 사정을 두루 감안하여, 경제영역에서 국가목표를 이루기 위하여 가능한 여러 정책 중 필요하다고 판단되는 경제정책을 선택할 수 있다. 입법자의 그러한 정책판단과 선택은 그것이 현저히 합리성을 결여한 것이라고 볼 수 없는 한 경제에 관한 국가적 규제·조정권한의 행사로서 존중되어야 한다.

6. 심판대상조항은 과잉금지원칙에 위배되어 택시운송사업자들의 계약의 자유 및 직업의 자유를 침해하지 아니한다.』(헌재 2023.2.23. 2020헌바11 등).

기각

117 사업주로부터 위임을 받아 고용보험 및 산재보험에 관한 보험사무를 대행할 수 있는 기관의 자격을 일정한 기준을 충족하는 단체 또는 법인, 공인노무사, 세무사로 한정하고 있는 「고용보험 및 산업재해보상보험의 보험료징수 등에 관한 법률」 조항은 개인 공인회계사의 직업의 자유를 침해한다고 볼 수 없다. [24 국회8급]

| 해 설 | 헌재 2024.2.28. 2020헌마139

판례정리 직업의 자유 관련 합헌판례 문구 모음

① 일반게임제공업자에 대해 게임물의 버튼 등 입력장치를 자동으로 조작하여 게임을 진행하는 장치 또는 소프트웨어(이하 '자동진행장치'라 한다)를 제공하거나 게임물 이용자가 이를 이용하게 하는 행위를 금지하는 법률조항 (2020헌마670 등)

② 사립 초·중등학교의 장을 1회에 한하여 중임할 수 있도록 하는 것 (2018헌바522)

③ 사업주체가 공급질서 교란행위를 이유로 주택공급계약을 취소한 경우 선의의 제3자 보호규정을 두고 있지 않는 것 (2019헌가26)

④ 게임머니 등의 환전업을 금지하고 처벌하는 것 (2017헌바438 등)

⑤ 사회복무요원이 복무기관의 장의 허가 없이 다른 직무를 겸하는 행위를 한 경우 경고처분하고 경고처분 횟수가 더하여질 때마다 5일을 연장하여 복무하도록 하는 것 (2019헌마938) [23 경찰2차]

⑥ 다른 법률에 따라 설치가 금지된 장소에 배출시설을 설치한 경우 그 배출시설에 대해 필요적으로 폐쇄를 명하도록 한 것 (2020헌바500)

⑦ 폐기물처리업자로 하여금 환경부령으로 정하는 바에 따라 폐기물을 허가받은 사업장 내 보관시설이나 승인받은 임시보관시설 등 적정한 장소에 보관하도록 하고, 폐기물처리업자로 하여금 환경부령으로 정하는 양을 초과하여 폐기물을 보관하지 못하도록 한 것 (2020헌바504)

⑧ 위생안전기준 적합 여부에 대하여 수도법상 인증을 받은, 물에 접촉하는 수도용 제품이, 수도법상 정기검사 기준에 적합하지 아니한 경우 환경부장관이 그 인증을 필요적으로 취소하도록 하는 것 (2021헌바179)

⑨ 다른 사람에게 자기의 건설업 등록증을 빌려준 경우 그 건설업자의 건설업 등록을 필요적으로 말소하도록 정하고 있는 것 (2019헌바196)

⑩ 경비업자가 시설경비업무 또는 신변보호업무 중 집단민원현장에 일반경비원을 배치하는 경우 경비원을 배치하기 48시간 전까지 배치허가를 신청하고 허가를 받도록 정한 것 (2018헌마246)

⑪ 허가된 어업의 어획효과를 높이기 위하여 다른 어업의 도움을 받아 조업활동을 하는 행위를 금지한 것(공조조업 금지) (2020헌바604)

⑫ 금고 이상의 형의 집행유예선고를 받고 그 유예기간 중에 있는 자는 특수경비원이 될 수 없다고 규정한 것 (2021헌마157)
⑬ 문화체육관광부장관이 정부광고 업무를 한국언론진흥재단에 위탁하도록 한 것 (2019헌마227)
⑭ 동물약국 개설자가 수의사 또는 수산질병관리사의 처방전 없이 판매할 수 없는 동물용의약품을 규정한 것 (2021헌마199) [24 국회8급]
⑮ 시설물유지관리업을 폐지한 것 (2021헌마358)
⑯ (담합 등의 행위를 하여) 공기업 등으로부터 입찰참가자격제한처분을 받은 자가 국가 중앙관서나 다른 공기업 등이 집행하는 입찰에 참가할 수 없도록 한 것 (2017헌마1376) [24 법행]
⑰ 간행물 판매자에게 정가 판매 의무를 부과하고, 가격할인의 범위를 가격할인과 경제상의 이익을 합하여 정가의 15퍼센트 이하로 제한하는 것 (2020헌마104) [24 경찰간부]
⑱ 사회복지사업법을 위반하여 100만 원 이상의 벌금형을 선고받고 그 형이 확정된 후 5년이 지나지 아니한 사람에 해당하는 경우 사회복지법인 임원의 자격을 상실하도록 규정한 것 (2021헌바240)
⑲ 공기업이 공기업의 업무를 수행하던 비정규직 근로자를 정규직 근로자로 고용한 공기업의 자회사와 수의계약을 체결할 수 있도록 한 것 (2019헌마871)
⑳ 생활폐기물 수집·운반 대행계약과 관련하여 뇌물공여, 사기 등 범죄를 범하여 일정한 형을 선고받은 자를 3년 간 대행계약 대상에서 제외하도록 규정한 것 (2020헌바189) [24 법행]
㉑ 시장·군수·구청장이 지방자치단체의 조례로 정하는 바에 따라 일정한 구역을 지정·고시하여 가축의 사육을 제한할 수 있도록 한 것 (2020헌바374)
㉒ 국민권익위원회 심사보호국 소속 5급 이하 7급 이상의 일반직공무원으로 하여금 퇴직일부터 3년 간 취업심사대상기관에 취업할 수 없도록 한 것 (2020헌마1527)
㉓ 안경사가 전자상거래 등의 방법으로 콘택트렌즈를 판매하는 것을 금지하고 있는 것 (2020헌가10)
㉔ 대학·산업대학의 간호학과나 전문대학의 간호과 재학 중 일정한 교직학점을 취득한 경우에만 보건교사가 될 수 있도록 한 것 (2020헌마915)
㉕ 누구든지 국토교통부장관, 사업시행자등, 항행안전시설설치자등 또는 이착륙장을 설치·관리하는 자의 승인 없이 해당 시설에서 영업행위를 할 경우 처벌하는 것 (2021헌바112)
㉖ 의료법을 위반하여 금고 이상의 형을 선고받은 경우 의사면허를 필요적으로 취소하도록 규정한 의료법 관련 조항 (2021헌바419)
㉗ 대형트롤어업의 허가를 할 때 동경 128도 이동수역에서 조업하여서는 아니 된다는 조건을 붙이도록 한 것 (2021헌마533)

기각
118 의료기관의 장으로 하여금 보건복지부장관에게 비급여 진료비용에 관한 사항을 보고하도록 한 의료법 규정은 의사의 직업수행의 자유와 환자의 개인정보자기결정권을 제한하지만 침해하지는 않는다.

119 의원급 의료기관의 비급여 진료비용에 관한 현황조사·분석 결과를 공개하도록 한 고시조항은 의사의 직업수행의 자유와 환자의 개인정보자기결정권을 제한하지만 침해하지는 않는다.

|해설| 헌재 2023.2.23. 2021헌마374 등

기각

120 「근로기준법」상 근로시간에 대한 주 52시간 상한제 조항은 연장근로시간에 관한 사용자와 근로자 간의 계약 내용을 제한한다는 측면에서는 사용자와 근로자의 계약의 자유를 제한하고, 근로자를 고용하여 재화나 용역을 제공하는 사용자의 활동을 제한한다는 측면에서는 직업의 자유를 제한한다.

[24 국회8급]

「주 52시간 상한제 사건」

| 해 설 | 『주 52시간 상한제 규정은 상시 5명 이상 근로자를 사용하는 사업주인 청구인의 계약의 자유와 직업의 자유, 그리고 근로자인 청구인들의 계약의 자유를 제한하지만 침해하지는 않는다』(헌재 2024.2.28. 2019헌마500).

기출지문 주 52시간 상한제조항을 두어 1주간 최대 근로시간을 52시간으로 한정한 근로기준법 조항이 과잉금지원칙에 반하여 상시 5명 이상 근로자를 사용하는 사업주의 계약의 자유와 직업의 자유, 근로자의 계약의 자유를 침해하지 않는다. [24 법무사]   (○)

합헌

121 중개법인의 임원이 「공인중개사법」을 위반하여 300만 원 이상의 벌금형의 선고를 받고 3년이 지나지 아니한 자에 해당하는 경우 중개법인의 등록을 필요적으로 취소하도록 하는 것은 해당 중개법인의 직업의 자유를 제한하지만 침해하지 않는다.

| 해 설 | 『심판대상조항은 입법목적은 정당하고, 수단의 적합성도 인정된다. 부동산 거래가 거래당사자, 국가경제질서 및 사회질서에 미치는 영향, 최근 발생한 대규모 전세사기 사건 등을 고려하면 국가는 공인중개업무의 공정한 수행과 이에 대한 국민적 신뢰를 확보할 필요성이 크다. 임의적 취소는 일정한 자격기준에 의한 일률적 통제에 비하여 운영의 투명성과 공정성을 확보하기 어렵고, 벌금형 300만 원 이상을 선고받은 이상 등록취소 여부를 결정함에 있어 여러 요소들을 재차 고려할 필요성이 크지도 않다. 중개법인은 결격사유 발생일로부터 2개월 내에 임원을 개임하는 등의 방법으로 등록 취소를 면할 수 있고, 개업공인중개사의 일반적인 규모나 임원의 역할 등을 고려하면 중개법인으로 하여금 임원에게 범죄 이력이 있는지 등을 확인하도록 하는 것이 지나친 부담을 부과한다고 보기도 어렵다. 따라서 심판대상조항은 과잉금지원칙을 위반하여 중개법인의 직업의 자유를 침해하지 않는다』(헌재 2024.2.28. 2022헌바109).

기출지문 중개법인의 임원이 「공인중개사법」을 위반하여 300만 원 이상의 벌금형의 선고를 받고 3년이 지나지 아니한 자에 해당하는 경우 중개법인의 등록을 필요적으로 취소하도록 하는 것은 해당 중개법인의 직업의 자유를 침해한다. [24 국회8급]   (×)

합헌

122 「교육환경 보호에 관한 법률」상의 상대보호구역에서 「게임산업진흥에 관한 법률」상의 '복합유통게임제공업' 시설을 갖추고 영업을 하는 것을 원칙적으로 금지하는 것은 교육환경보호구역 안의 토지나 건물의 임차인 내지 복합유통게임제공업을 영위하고자 하는 자의 직업수행의 자유 및 재산권을 제한하지만, 침해하지 아니한다.

[24 국회8급·24 법행]

| 해 설 | 헌재 2024.1.25. 2021헌바231

기각

123 시내버스운송사업자가 사업계획 가운데 운행대수 또는 운행횟수를 증감하려는 때에는 국토교통부장관 또는 시·도지사의 인가를 받거나 신고하도록 하고 이를 위반한 경우 처벌하는 「여객자동차 운수사업법」 조항은 시내버스운송사업자의 직업수행의 자유를 침해한다고 볼 수 없다. [24 국회8급]

| 해 설 | 헌재 2024.1.25. 2020헌마1144

▶ 재산권

헌법불합치 판례 변경됨

124 선출직 공무원으로서 받게 되는 보수가 기존의 연금에 미치지 못하는 경우에도 연금 전액의 지급을 정지하도록 정한 구 공무원연금법 중 '지방의회의원'에 관한 부분은 과잉금지원칙에 위배되어 재산권을 침해한다. [22 법무사]

| 해 설 | 『심판대상조항은 악화된 연금재정을 개선하여 공무원연금제도의 건실한 유지·존속을 도모하고 연금과 보수의 이중수혜를 방지하기 위한 것이다. 퇴직공무원의 적정한 생계 보장이라는 공무원연금제도의 취지에 비추어, 연금 지급을 정지하기 위해서는 '연금을 대체할 만한 소득'이 전제되어야 한다. 지방의회의원이 받는 의정비 중 의정활동비는 의정활동 경비 보전을 위한 것이므로, 연금을 대체할 만한 소득이 있는지 여부는 월정수당을 기준으로 판단하여야 하는데, 월정수당은 지방자치단체에 따라 편차가 크고 안정성이 낮음에도 불구하고 심판대상조항은 연금을 대체할 만한 적정한 소득이 있다고 할 수 없는 경우에도 일률적으로 연금전액의 지급을 정지하여 지급정지제도의 본질 및 취지와 어긋나는 결과를 초래한다. 심판대상조항과 같이 재취업소득액에 대한 고려 없이 퇴직연금 전액의 지급을 정지할 경우 재취업 유인을 제공하지 못하여 정책목적 달성에 실패할 가능성이 크다. 연금과 보수 중 일부를 감액하는 방식으로 선출직에 취임하여 보수를 받는 것이 생활보장에 더 유리하도록 하는 등 기본권을 덜 제한하면서 입법목적을 달성할 수 있는 다양한 방법이 있다. 따라서 심판대상조항은 과잉금지원칙에 위배되어 재산권을 침해한다』(헌재 2022.1.27. 2019헌바161).

(목 ○ 수 ○ 해 × 법 ×)

※ 따라서 『공무원연금법상 퇴직연금수급자가 지방의회의원에 취임한 경우 그 재직기간 중 퇴직연금 전부의 지급을 정지하도록 규정한 것은 재산권을 침해하지 않는다』라고 판단했던 기존의 헌재 2017.7.27. 2015헌마1052 결정은 재산권을 침해하는 것으로 판례 변경되었다.

위헌, 헌법불합치

125 유류분상실사유를 별도로 규정하지 아니한 민법 제1112조 제1호부터 제3호 및 형제자매의 유류분을 규정한 민법 제1112조 제4호는 재산권을 침해하여 헌법에 위반된다.

| 해 설 | 『[1] 상속제도나 상속권의 내용은 입법자가 입법정책적으로 결정하여야 할 사항으로서 원칙적으로 입법자의 입법형성의 자유에 속한다고 할 것이지만, 입법자가 상속제도나 상속권의 내용을 정함에 있어서 입법형성권을 자의적으로 행사하여 헌법 제37조 제2항이 규정하는 기본권제한의 입법한계를 일탈하는 경우에는 그 법률조항은 헌법에 위반된다. 넓은 의미로 유류분은 상속인의 구체적 상속분을 산정하기 위한 하나의 절차라는 점에서 상속제도나 상속권의 한 내용으로 볼 수 있으므로, 유류분과 관련한 민법 조항의 위헌성 여부를 심사함에 있어 이러한 심사기준을 동일하게 적용하여 판단하여야 할 것이다.

[2] 유류분권리자와 유류분을 개별적으로 적정하게 입법하는 것이 현실적으로 매우 어려운 점, 법원이 구체적 사정을 고려하여 정하도록 하는 것은 법원의 과도한 부담 등을 초래할 수 있는 점 등을 고려하면, 민법 제1112조가 유류분권리자와 유류분을 획일적으로 규정한 것이 매우 불합리하다고 단정하기 어렵다. 그러나 패륜적인 상속인의 유류분을 인정하는 것은 일반 국민의 법감정과 상식에 반한다고 할 것이므로, 민법 제1112조 제1호부터 제3호가 유류분상실사유를 별도로 규정하지 아니한 것은 불합리하고 기본권제한입법의 한계를 벗어나 헌법에 위반된다. (목 ○ 수 ○ 해 × 법 ×)

[3] 또한 상속재산형성에 대한 기여나 상속재산에 대한 기대 등이 거의 인정되지 않는 피상속인의 형제자매에게까지 유류분을 인정하는 민법 제1112조 제4호 역시 불합리하고 기본권제한입법의 한계를 벗어나 헌법에 위반된다』(헌재 2024.4.25. 2020헌가4 등). (목 ○ 수 ○ 해 × 법 ×)

126 [헌법불합치]
기여분에 관한 민법 제1008조의2를 유류분에 준용하는 규정을 두지 아니한 민법 제1118조는 재산권을 침해하여 헌법에 위반된다.

| 해 설 | 『기여분에 관한 민법 제1008조의2를 유류분에 준용하는 규정을 두고 있지 않은 민법 제1118조는, 피상속인을 오랜 기간 부양하거나 상속재산형성에 기여한 기여상속인이 기여의 대가로 받은 증여재산을 비기여상속인에게 반환하여야 하는 부당한 상황을 발생시키고, 기여상속인에게 보상을 하려고 한 피상속인의 의사를 부정하는 불합리한 결과를 초래하는 등 현저히 불합리하므로 기본권제한입법의 한계를 일탈하여 헌법에 위반된다.

> **판례정리** 유류분 조항에 관한 사건 수험적 정리
>
> 1. 유류분상실사유를 별도로 규정하지 않은 것 : 잠정적용 헌법불합치
> 2. 형제자매에게도 유류분을 인정하는 것 : 단순위헌
> 3. 기여분에 관한 민법 제1008조의2를 유류분에 준용하는 규정을 두지 아니한 민법 제1118조 : 잠정적용 헌법불합치
>
> ※ 나머지 쟁점들도 많지만 민법을 깊게 공부해야 이해가 가능한 부분이므로 위 3가지를 잘 학습해 두세요.

127 [위헌]
민법 제1014조 등이 상속분가액지급청구권의 제척기간을 10년으로 정하고 있는 것은 헌법에 위반된다.

| 해 설 | 『상속개시 후 인지 또는 재판의 확정에 의하여 공동상속인이 된 자의 상속분가액지급청구권의 경우에도 '상속권의 침해행위가 있은 날부터 10년'의 제척기간을 정하고 있는 것은, 제척기간을 통한 법적 안정성만을 지나치게 중시한 나머지 상속개시 후 공동상속인이 된 자에게 상속회복에 관한 형식적인 권리나 이론적인 가능성만을 허용하는 것일 뿐 권리구제의 실효성을 외면하는 것이므로, 심판대상조항은 입법형성의 한계를 일탈하여 청구인의 재산권 및 재판청구권을 침해한다』(헌재 2024.6.27. 2021헌마1588).

> **기출지문** 상속개시 후 인지 또는 재판의 확정에 의하여 공동상속인이 된 자의 상속분가액지급청구권의 제척기간을 정하고 있는 「민법」 제999조 제2항의 '상속권의 침해행위가 있은 날부터 10년' 중 「민법」 제1014조에 관한 부분은 입법형성의 한계를 일탈하여 재판청구권을 침해한다. [24 경찰간부] (○)

헌법불합치 「가축 살처분 보상금 수급권의 귀속주체 사건」

128 살처분된 가축의 소유자가 축산계열화사업자인 경우에는 계약사육농가의 수급권 보호를 위하여 보상금을 계약사육농가에 지급한다고 규정한 것은 축산계열화사업자의 재산권을 침해한다.

| **해 설** | 『가축의 살처분으로 인한 재산권의 제약은 가축의 소유자가 수인해야 하는 사회적 제약의 범위에 속하나, 권리자에게 수인의 한계를 넘어 가혹한 부담이 발생하는 예외적인 경우에는 이를 완화하는 보상규정을 두어야 하고, 그 방법에 관하여는 입법자에게 광범위한 형성의 자유가 부여된다. 그런데 심판대상조항에 따르면, 축산계열화사업자는 그가 입은 경제적 가치의 손실을 회복하는 데에 한계가 있으며, 이는 열세에 놓인 계약사육농가가 갖는 교섭력의 불균형을 시정하기 위하여 필요한 정도를 넘어서는 개입이다. 다만, 그렇다고 하여 살처분 보상금을 이전과 같이 가축의 소유자인 축산계열화사업자에게 일괄하여 지급하는 방식으로 회귀할 경우, 교섭력이 약한 일부 계약사육농가의 수급권 보호에 다시 상당한 지장이 생길 수 있다. 살처분 보상금을 가축의 소유자인 축산계열화사업자와 계약사육농가에게 개인별로 지급함으로써 대상 가축의 살처분으로 인한 각자의 경제적 가치의 손실에 비례한 보상을 실시하는 것은 입법기술상으로 불가능하지 않은 점을 고려하면, 축산계열화사업자가 가축의 소유자라 하여 살처분 보상금을 오직 계약사육농가에만 지급하는 방식은 축산계열화사업자에 대한 재산권의 과도한 부담을 완화하기에 적절한 조정적 보상조치라고 할 수 없다. 따라서 심판대상조항은 조정적 보상조치에 관하여 인정되는 입법형성재량의 한계를 벗어나 가축의 소유자인 축산계열화사업자의 재산권을 침해한다』(헌재 2024.5.30. 2021헌가3).

기출지문 「가축전염병 예방법」에 따른 가축의 살처분으로 인한 재산권의 제약은 가축의 소유자가 수인해야 하는 사회적 제약의 범위에 속하나, 권리자에게 수인의 한계를 넘어 가혹한 부담이 발생하는 예외적인 경우에는 이를 완화하는 보상규정을 두어야 하고, 그 방법에 관하여는 입법자에게 광범위한 형성의 자유가 부여된다. [24 국가7급] (○)

헌법불합치 「사무장병원으로 확인된 의료기관에 대한 의료급여비용 지급보류 사건」

129 의료급여기관이 「의료법」 제33조 제2항을 위반하였다는 사실을 수사기관의 수사결과로 확인한 경우 시장·군수·구청장으로 하여금 해당 의료급여기관이 청구한 의료급여비용의 지급을 보류할 수 있도록 규정한 「의료급여법」 조항 중 '의료법 제33조 제2항'에 관한 부분은 과잉금지원칙에 반하여 의료급여기관 개설자의 재산권을 침해한다.

| **해 설** | 『지급보류처분은 잠정적 처분이고, 그 처분 이후 사무장병원에 해당하지 않는다는 사실이 밝혀져서 무죄판결의 확정 등 사정변경이 발생할 수 있으므로, 지급보류처분의 '처분요건'뿐만 아니라 위와 같은 사정변경이 발생할 경우 잠정적인 지급보류상태에서 벗어날 수 있는 '지급보류처분의 취소'에 관하여도 명시적인 규율이 필요하고, 그 '취소사유'는 '처분요건'과 균형이 맞도록 규정되어야 한다. 또한 사정변경사유가 발생할 경우 지급보류처분이 취소될 수 있도록 한다면, 이와 함께 지급보류기간동안 의료기관의 개설자가 수인해야 했던 재산권 제한상황에 대한 적절하고 상당한 보상으로서의 이자 내지 지연손해금의 비율에 대해서도 규율이 필요하다. 이러한 사항들은 심판대상조항으로 인한 기본권 제한이 입법목적 달성에 필요한 최소한도에 그치기 위해 필요한 조치들이지만, 현재 이에 대한 어떠한 입법적 규율도 없다. 따라서 심판대상조항은 과잉금지원칙에 반하여 의료급여기관 개설자의 재산권을 침해한다』(헌재 2024.6.27. 2021헌가19).

※ 이른바 '사무장 병원으로 확인된 의료기관에 대한 의료급여비용 지급보류 사건'인 최신판례로, 2023년과 2024년에 연달아 헌법불합치 결정이 나왔으나, 수험적으로는 ① 무죄추정원칙에는 위반되지 않음 ② 재판청구권이나 직업의 자유는 판단하지 않음 [24 경찰간부] ③ 재산권이 제한되고 침해되었다고 정리하면 된다.

130 「댐건설관리법」은 댐사용권을 물권으로 보며 「댐건설관리법」에 특별한 규정이 있는 경우를 제외하고는 '부동산에 관한 규정'을 준용하도록 하고 있으므로 댐사용권은 사적유용성 및 그에 대한 원칙적 처분권을 내포하는 재산가치 있는 구체적 권리로서 헌법상 재산권 보장의 대상이 된다. [23 국회8급]

| 해 설 | 헌재 2022.10.27. 2019헌바44

[합헌]

131 댐의 저수 이용상황 등이 변경되는 경우 등 댐사용권을 그대로 유지하는 것이 곤란한 경우 댐사용권을 취소·변경할 수 있도록 규정한 구 「댐건설 및 주변지역지원 등에 관한 법률」 조항은 다목적댐에 관한 독립적 사용권인 댐사용권의 내용과 한계를 정하는 규정인 동시에 사회적 제약을 구체화한 규정이라 보아야 한다. [24 경찰간부]

| 해 설 | 『댐사용권변경조항은 이미 형성된 구체적인 재산권을 공익을 위하여 개별적이고 구체적으로 박탈·제한하는 것으로서 보상을 요하는 헌법 제23조 제3항의 수용·사용·제한을 규정한 것이라고 볼 수 없고, 적정한 수자원의 공급 및 수재방지 등 공익적 목적에서 건설되는 다목적댐에 관한 독점적 사용권인 댐사용권의 내용과 한계를 정하는 규정인 동시에 공익적 요청에 따른 재산권의 사회적 제약을 구체화하는 규정이라고 보아야 한다. 부담금반환조항은 댐사용권 변경 시 댐사용권자가 댐사용권 취득을 위해 댐건설비용을 분담하였던 부담금 등의 일부를 반환하도록 하여 댐사용권 변경을 둘러싼 법률관계를 조정하는 조항이다. 따라서 부담금반환조항 역시 댐사용권변경조항과 일체를 이루어 재산권인 댐사용권의 내용과 한계를 정하는 동시에 공익적 요청에 따른 재산권의 사회적 제약을 구체화하는 규정(헌법 제23조 제1항 및 제2항)이라고 볼 수 있다』(헌재 2022.10.27. 2019헌바44).

[합헌]

132 증여의제된 명의신탁재산의 경우 신고의무 및 납부의무 위반에 대해 가산세를 부과하는 규정은 납세의무자의 재산권을 침해하지 않는다.

| 해 설 | 『납부불성실가산세는 미납세액에 대해 미납일수 기간 동안 이자만큼의 금융혜택을 받은 것으로 보아 그 상당액을 납부하도록 하는 것이므로 '지연이자'의 성격도 가지고 있으므로, 납부불성실가산세에서 납세의무자의 의무위반의 정도는 '미납세액의 다과'와 '미납기간의 장단'이라는 두 가지 요소에 의해 결정되는 것이 합리적이다. 또한 명의신탁으로 '조세회피의 목적'이 인정되는 경우에 한하여 증여의제가 되므로 '조세회피의 목적'이 없는 명의신탁의 경우에는 증여세 및 가산세가 부과되지 않고, 정당한 사유가 있는 경우 가산세가 감면 또는 면제되는 점을 고려할 때, 심판대상조항은 과잉금지원칙에 반하여 납세의무자의 재산권을 침해하지 아니한다』(헌재 2022.11.24. 2019헌바167 등).

> **기출지문** 명의신탁재산 증여의제로 인한 증여세 납세의무자에게 신고의무 및 납부의무 위반에 대한 제재인 가산세까지 부과하도록 하면 납세의무자는 원래 부담하여야 할 세금 이외에 부가적인 금전적 부담을 지게 되므로 과잉금지원칙에 반하여 납세의무자의 재산권을 침해한다. [23 국회8급] (×)

관련판례 명의신탁이 증여로 의제되는 경우 명의신탁의 당사자에게 '증여세의 과세가액 및 과세표준을 납세지관할세무서장에게 신고할 의무'를 부과하는 것은 일반적 행동의 자유를 제한하지만 침해하지 않는다(헌재 2022.2.24. 2019헌바225). [24 경정승진]

관련판례 명의신탁이 증여로 의제되는 경우 명의신탁의 당사자에게 '증여세의 과세가액 및 과세표준을 납세지관할세무서장에게 신고할 의무'를 부과하는 구 「상속세 및 증여세법」 제68조 제1항 본문의 '제4조의 규정에 의하여 증여세납세의무가 있는 자' 가운데 제4조 제1항 본문 중 해당 부분은 형사상 불리한 진술을 강요하는 것이라고 볼 수 없다(헌재 2022.2.24. 2019헌바225). [24 경찰간부]

133 [합헌] 환경개선부담금은 경유에 리터당 부과되는 교통·에너지·환경세와 달리 개별 경유차의 오염유발 수준을 고려하므로, 경유를 연료로 사용하는 자동차의 소유자로부터 환경개선부담금을 부과·징수하도록 정한 「환경개선비용 부담법」 조항이 과잉금지원칙을 위반하여 경유차 소유자의 재산권을 침해한다고는 볼 수 없다. [23 경찰2차]

| 해 설 | 헌재 2022.6.30. 2019헌바440

134 [기각] 전기통신금융사기의 피해자가 피해구제 신청을 하는 경우 피해자의 자금이 송금·이체된 계좌 및 해당 계좌로부터 자금의 이전에 이용된 계좌(사기이용계좌)를 지급정지하는 '전기통신금융사기 피해방지 및 피해금 환급에 관한 특별법' 제4조 제1항 제1호(지급정지조항)는 재산권을 침해하지 않는다. [23 경찰2차]

135 지급정지가 이루어진 사기이용계좌 명의인의 전자금융거래를 제한하는 지급정지조항과 전자금융거래제한조항은 일반적 행동자유권과 재산권을 침해하지 않는다.

| 해 설 | 헌재 2022.6.30. 2019헌마579

136 [합헌] 개성공단 전면중단 조치는 공익 목적을 위하여 개별적, 구체적으로 형성된 구체적인 재산권의 이용을 제한하는 공용 제한이 아니므로, 이에 대한 정당한 보상이 지급되지 않았다고 하더라도 그 조치가 헌법 제23조 제3항을 위반하여 개성공단 투자기업인의 재산권을 침해한 것으로 볼 수 없다. [24 법무사]

| 해 설 | 『개성공단 전면중단 조치는 공익 목적을 위하여 개별적, 구체적으로 형성된 구체적인 재산권의 이용을 제한하는 공용 제한이 아니므로, 이에 대한 정당한 보상이 지급되지 않았다고 하더라도, 그 조치가 헌법 제23조 제3항을 위반하여 개성공단 투자기업인 청구인들의 재산권을 침해한 것으로 볼 수 없다』(헌재 2022.1.27. 2016헌마364).

기출지문 대통령이 2016. 2. 10.경 개성공단의 운영을 즉시 전면 중단하기로 결정하고, 개성공단에 체류 중인 국민들 전원을 대한민국 영토내로 귀환하도록 한 개성공단 전면중단 조치에 의해 발생한 영업상 손실이나 주식 등 권리의 가치하락은 헌법 제23조의 재산권보장의 범위에 속한다. [24 경찰간부] (×)

각하

137 통일부장관이 2010. 5. 24. 발표한 북한에 대한 신규투자 불허 및 진행 중인 사업의 투자확대 금지 등을 내용으로 하는 대북조치는 헌법 제23조 제3항 소정의 재산권의 공용제한에 해당하지 않는다.

| 해 설 | 『2010. 5. 24.자 대북조치가 개성공단에서의 신규투자와 투자확대를 불허함에 따라 청구인이 보유한 개성공단 내의 토지이용권을 사용·수익하지 못하게 되는 제한이 발생하기는 하였으나, 이는 개성공단이라는 특수한 지역에 위치한 사업용 재산이 받는 사회적 제약이 구체화된 것일 뿐이므로, 공익목적을 위해 이미 형성된 구체적 재산권을 개별적, 구체적으로 제한하는 헌법 제23조 제3항 소정의 공용 제한과는 구별된다. 그렇다면 2010. 5. 24.자 대북조치로 인한 토지이용권의 제한은 헌법 제23조 제1항, 제2항에 따라 재산권의 내용과 한계를 정한 것인 동시에 재산권의 사회적 제약을 구체화하는 것으로 볼 수 있다』(헌재 2022.5.26. 2016헌마95).

기출지문 통일부장관이 2010. 5. 24. 발표한 북한에 대한 신규투자 불허 및 진행 중인 사업의 투자확대 금지 등을 내용으로 하는 대북조치로 인해 개성공단에서 투자하던 사업자의 토지이용권을 사용·수익하지 못하게 되는 제한이 발생하였으므로, 이러한 대북조치는 헌법 제23조 제3항 소정의 공용 제한에 해당한다. [24 경찰간부] (×)

기각   「초고가 아파트 구입용 주택담보대출 금지 사건」

138 금융위원회위원장이 2019.12.16. 시중 은행을 상대로 투기지역·투기과열지구 내 초고가 아파트(시가 15억 원 초과)에 대한 주택구입용 주택담보대출을 2019.12.17.부터 금지한 조치는 청구인의 재산권 및 계약의 자유를 제한하지만 침해하지 않는다. [24 경찰1차]

| 해 설 | 헌재 2023.3.23. 2019헌마1399

합헌

139 임차인이 3기의 차임액에 해당하는 금액에 이르도록 차임을 연체한 경우 임대인의 권리금 회수기회 보호의무가 발생하지 않도록 규정한 것은 재산권을 제한하지만 침해하지 않는다. [24 법원9급]

| 해 설 | 『1. 임차인이 권리금을 회수할 수 있는 지위를 보장하는 것은 헌법상 재산권 보장의 대상이 된다.
2. 임차인의 권리금 회수기회 보호제도를 형성함에 있어서는 입법자에게 재량이 있으므로, 심판대상조항이 임차인의 재산권을 침해하는지 여부를 심사함에 있어서는 입법형성권의 한계 일탈 여부를 기준으로 삼기로 한다.
3. 심판대상조항은 입법형성권의 한계를 일탈하여 임차인의 재산권을 침해한다고 할 수 없다』(헌재 2023.6.29. 2021헌바264).

기출지문 「주택임대차보호법」상 임차인 보호 규정들이 임대인의 재산권을 침해하는지 여부를 심사함에 있어서는 비례의 원칙을 기준으로 심사하되, 보다 강화된 심사기준을 적용하여야 할 것이다. [24 국회8급·24 해경간부] (×)

140 [합헌] 임차인이 계약갱신을 요구할 경우 임대인이 정당한 사유 없이 이를 거절하지 못하도록 한 주택임대차보호법 해당 조항은 재산권을 침해하지 않는다. [24 법원9급]

141 [합헌] 임대인이 실제 거주를 이유로 갱신을 거절한 후 정당한 사유 없이 제3자에게 임대한 경우의 손해배상책임 및 손해액을 규정한 주택임대차보호법 조항은 과잉금지원칙에 반하여 임대인의 계약의 자유와 재산권을 침해한다고 볼 수 없다.

| 해 설 | 『임차인이 계약갱신을 요구할 경우 임대인이 정당한 사유 없이 이를 거절하지 못하도록 한 주택임대차법상 '계약갱신요구 조항', 갱신되는 임대차의 차임과 보증금 증액한도를 규정한 '차임증액한도 조항', 임대인이 실제 거주를 이유로 갱신 거절 후 정당한 사유 없이 제3자에게 임대한 경우의 손해배상책임 및 손해액을 규정한 '손해배상 조항'은 과잉금지원칙에 반하여 청구인들의 계약의 자유와 재산권을 침해한다고 볼 수 없다』(헌재 2024.2.28. 2020헌마1343 등).

142 [합헌] 거주자가 건물을 신축하고 그 신축한 건물의 취득일부터 5년 이내에 해당 건물을 양도하는 경우로서 환산가액을 그 취득가액으로 하는 경우 양도소득 결정세액에 더하여 가산세를 부과하도록 하는 구「소득세법」 조항은 재산권을 침해하지 않는다.

| 해 설 | 『건물을 신축하고 그 신축한 건물의 취득일부터 5년 이내에 해당 건물을 양도하는 경우로서 환산가액을 그 취득가액으로 하는 경우에는 해당 건물 환산가액의 100분의 5에 해당하는 금액을 양도소득 결정세액에 더하도록 정한 것은 과잉금지원칙을 위반하여 재산권을 침해하지 아니한다』 (헌재 2024.2.28. 2020헌가15).

> [기출지문] 거주자가 건물을 신축하고 그 신축한 건물의 취득일부터 5년 이내에 해당 건물을 양도하는 경우로서 환산가액을 그 취득가액으로 하는 경우 양도소득 결정세액에 더하여 가산세를 부과하도록 하는 구「소득세법」 조항은 재산권을 침해한다. [24 국회8급] (×)

143 [기각] 구「민간임대주택에 관한 특별법」의 등록말소조항은 단기민간임대주택과 아파트 장기일반민간임대주택의 임대의무기간이 종료한 날 그 등록이 말소되도록 할 뿐이고, 종전 임대사업자가 이미 받은 세제혜택 등을 박탈하는 내용이 없으므로 재산권이 제한된다고 볼 수 없다. [24 국회8급]

| 해 설 | 『청구인들은 장기간 임대사업을 유지하며 세금과 수리비 등을 부담하였으나 등록말소조항에 의하여 집값 상승에 따른 이득금이 모두 환수되어 재산권을 침해받았다고 주장한다. 그러나 임대사업자가 종전 규정에 의한 세제혜택 또는 집값 상승으로 인한 이익 취득이라는 기대를 가졌다 하더라도 이는 당시의 법 제도에 대한 단순한 기대이익에 불과하다. 또한 등록말소조항은 단기민간임대주택과 아파트 장기일반민간임대주택의 임대의무기간이 종료한 날 그 등록이 말소되도록 할 뿐, 여기에 더하여 종전 임대사업자가 이미 받은 세제혜택 등을 박탈하는 내용을 담고 있지 아니하다. 따라서 등록말소조항으로 인해 청구인들의 재산권이 제한된다고 볼 수 없다』(헌재 2024.2.28. 2020헌마1482).
※ 해당 규정은 임대사업자의 직업의 자유가 제한되지만 침해되지 않는다.

합헌

144 장해급여 수급요건의 구체적인 내용은 법률에 의하여 비로소 정해지는 것이므로, 그 형성에 관해서는 일반적인 재산권에 비하여 입법자에게 상대적으로 넓은 재량이 허용된다고 볼 수 있다.

| 해 설 | 『장해급여 수급권의 재산권적 성격이 강하여 보다 엄격한 보호가 필요하다고 하더라도 그 사회보장수급권적 성격을 배제할 수 없고, 장해급여 수급요건의 구체적인 내용은 법률에 의하여 비로소 정해지는 것이므로, 그 형성에 관해서는 일반적인 재산권에 비하여 입법자에게 상대적으로 넓은 재량이 허용된다고 볼 수 있다』(헌재 2023.10.26. 2020헌바310).

기출지문 장해급여 수급요건의 구체적인 내용은 법률에 의하여 비로소 정해지는 것이나, 장해급여 수급권의 사회보장수급권적 성격을 배제할 수 없으므로, 그 형성에 관해서는 일반적인 재산권에 비하여 입법자에게 상대적으로 넓은 재량이 허용된다고 볼 수는 없다. [24 법행] (×)

합헌

145 토지구획정리사업에 있어 학교교지를 환지처분의 공고가 있은 다음 날에 국가 등에 귀속되게 하되, 유상으로 귀속되도록 한 구「토지구획정리사업법」제63조 중 '학교교지'에 관한 부분은 과잉금지원칙에 위배되어 사업시행자의 재산권을 침해한다고 할 수 없다. [24 국가7급]

합헌

146 국가는 국민의 교육을 받을 권리라는 기본권을 보장하고 의무교육을 시행하기 위하여 적기에 적절한 학교교지를 확보하여야 할 의무가 있다는 점 및 이를 고려하여 학교교지에 대하여는 유상으로 취득하도록 하는 점에 비추어 보면, 학교교지의 조성·개발에 소요된 비용 역시 국가 등이 부담하는 것이 상당하다. [24 경찰간부]

| 해 설 | 『토지구획정리사업의 시행으로 인하여 생긴 학교교지의 경우, 환지처분의 공고 다음 날에 그 소유권이 국가 또는 지방자치단체에 귀속하도록 한 것은 국가 등이 국민의 교육을 받을 권리를 보장하고자 적기에 적절한 학교교지를 확보하여 교육에 관한 국가의 의무 실현을 위하여 불가피하다. 국가 등은 사업시행자에게 학교교지 취득의 대가를 지급하는 점, 사업계획의 단계에서 학교교지의 위치 및 면적에 대하여 미리 계획되고 협의될 것이 요구된다는 점, 국가 등이 학교교지를 취득함으로써 종전 토지 소유자 등이 입은 손실(감보)은 효용이 상승된 환지로 인하여 이미 보상이 되었다는 점 등을 고려하면, 귀속조항이 과잉금지원칙에 위배되어 사업시행자의 재산권을 침해한다고 할 수 없다』(헌재 2021.4.29. 2019헌바444 등).

판례정리 재산권 관련 합헌판례 문구 모음

① 보험금청구권에 대하여 2년의 단기소멸시효를 규정한 것 (2018헌바153)
② 부동산매매업자가 토지, 건물의 매매차익 예정신고·납부의무를 불이행할 경우 신고·납부불성실가산세를 부과하는 것 (2019헌바7 등)
③ 민법에 따라 등기를 하지 아니한 경우라도 부동산을 사실상 취득한 경우 취득세를 부과하는 것 (2019헌바107)
④ 고용노동부장관이 거짓이나 그 밖의 부정한 방법으로 비용을 지원받아 직업능력개발훈련과정 인정이 취소된 사업주에게 지원받은 금액의 반환을 명하는 경우, 그 부정수급액이 대통령령으로 정

⑤ 개발제한구역 내에서 허가받지 않은 건축물을 건축하는 등 개발행위를 한 토지 소유자에게 이행강제금을 부과한다고 규정한 것 (2019헌바550)

⑥ 구 '상속세 및 증여세법'의 '증여재산가액조항' (2019헌바483)

⑦ 법인인 채무자가 파산폐지의 결정으로 소멸하는 경우 위 결정은 파산채권자가 채무자의 보증인에 대하여 가지는 권리에 영향을 미치지 아니한다고 규정한 것 (2021헌바183)

⑧ 면허의 유효기간이 정하여져 있지 아니하거나 그 기간이 1년을 초과하는 면허에 대하여 매년 그 면허가 갱신된 것으로 보아 등록면허세를 매년 부과하도록 정하고 있는 것 (2019헌바482)

⑨ 국유 일반재산에 대한 사용허가나 대부계약 기간이 끝난 후 다시 사용허가나 대부계약 없이 그 재산을 계속 사용·수익하거나 점유한 자를 변상금 부과대상자에 포함한 것 (2019헌바208)

⑩ 임대주택 임대사업자로 하여금 특별수선충당금 전부를 적립하도록 규정한 것 (2019헌바132 등)

⑪ 사업계획승인을 받은 민간사업주체가 주택건설대지면적의 95퍼센트 이상의 사용권원을 확보한 경우 사용권원을 확보하지 못한 대지의 모든 소유자에게 매도청구를 할 수 있도록 하는 것 (2019헌바221 등)

⑫ 장해보상연금 수급권자의 의사나 귀책사유 없이 요양 종결 후 상당한 기간이 경과한 후에 장해급여를 청구한 경우에도 예외 없이 장해등급 재판정을 1회 실시하도록 한 것 (2020헌바310)

⑬ 건물을 신축하고 그 신축한 건물의 취득일부터 5년 이내에 해당 건물을 양도하는 경우로서 환산가액을 그 취득가액으로 하는 경우에는 해당 건물 환산가액의 100분의 5에 해당하는 금액을 양도소득 결정세액에 더하도록 정한 것 (2020헌가15)

⑭ 오염물질 배출사업소에 대해 사업소 전체 연면적을 기준으로 주민세 재산분을 중과하는 것 (2020헌바480)

⑮ 계모자관계의 계자를 상속인으로 규정하지 않은 것 (2021헌마1045)

⑯ 골프장 입장행위에 대하여 1명 1회 입장마다 1만 2천 원의 개별소비세를 골프장 경영자에게 부과하는 개별소비세법 관련 규정 (2021헌바34)

⑰ 법인이 주택을 취득하는 경우 취득세율을 12%로 규정하고 있는 것 (2021헌바131)

⑱ 공익사업시행지구 밖에 있는 토지등에 대한 손실보상의 청구기간을 해당 사업의 공사완료일부터 1년 이내로 제한한 것 (2020헌바596)

147 [합헌] 「공무원연금법」에서 19세 미만인 자녀에 대하여 아무런 제한 없이 퇴직유족연금일시금을 선택할 수 있게 하고 또 그 금액도 다른 유족과 동일한 계산식에 따라 산출하게 한 것은 다른 유족의 재산권을 침해하지 않는다.

| 해 설 | 『청구인이 주장하는 '미성년 자녀의 수급권 상실에 따라 퇴직유족연금 수급권을 이전받을 자의 권리'(이하 '이전받을 권리'라 한다)는 타인의 권리가 존재함을 전제로 하는 기대이익으로서, 그 타인의 권리가 존재하지 않는 경우 발생할 수 없는 권리라는 점에서 유족 본인의 퇴직유족연금 수급권과 같은 성격을 가진다고 보기 어렵다. 청구인이 주장하는 '이전받을 권리'는 공무원연금법이 정한 위와 같은 발생요건을 갖추기 전에는 헌법이 보장하는 재산권이라고 할 수 없고, 그와 같은 발생요건이 발생되기 전의 다른 유족의 지위는 '자녀인 유족의 수급권을 이전받을 수 있다는 기대이

익'에 불과하다. 따라서 심판대상조항에 따라 자녀인 유족이 퇴직연금일시금을 선택함으로써 결과적으로 다른 유족이 자녀의 퇴직연금 수급권을 이전받지 못하게 된다 하여도 이는 단순한 기대이익을 상실한 것에 불과하고, 이로써 재산권을 제한받는다고 할 수 없다』(헌재 2024.2.28. 2021헌바141).

> **기출지문** 「공무원연금법」에서 19세 미만인 자녀에 대하여 아무런 제한 없이 퇴직유족연금일시금을 선택할 수 있게 하고 또 그 금액도 다른 유족과 동일한 계산식에 따라 산출하게 한 것은 다른 유족의 재산권을 침해한다. [24 국회8급] (×)

⑤ 정치적 기본권

▶ 선거권과 선거제도

헌법불합치

148 재외투표기간 개시일에 임박하여 또는 재외투표기간 중에 재외선거사무 중지결정이 있었고 그에 대한 재개결정이 없었던 예외적인 상황에서 재외투표기간 개시일 이후에 귀국한 재외선거인 및 국외부재자신고인에 대하여 국내에서 선거일에 투표할 수 있도록 하는 절차를 마련하지 않은 부진정입법부작위는 청구인의 선거권을 침해한다.

| 해 설 | 『[1] 심판대상조항은 형식적으로 재외선거인등의 선거권 자체를 부정하지는 아니하지만, 일정한 경우에는 사실상 재외선거인등의 선거권을 부정하는 것과 다름없는 결과를 초래할 수 있다. 따라서 심판대상조항이 재외선거인등의 선거권을 침해하는지 여부는 과잉금지원칙에 따라 심사한다. [2] 심판대상조항과 달리 재외투표기간이 종료된 후 선거일이 도래하기 전까지의 기간 내에 재외투표관리관이 재외선거인등 중 실제로 재외투표를 한 사람들의 명단을 중앙선거관리위원회에 보내거나 중앙선거관리위원회를 경유하여 관할 구·시·군선거관리위원회에 보내어 선거일 전까지 투표여부에 관한 정보를 확인하는 방법을 상정할 수 있으며, 현재의 기술 수준으로도 이와 같은 방법이 충분히 실현가능한 것으로 보인다. 이로 인해 관계 공무원 등의 업무부담이 가중될 수 있을 것이나, 이는 인력 확충 및 효율적인 관리 등 국가의 노력으로 극복할 수 있는 어려움에 해당한다. 심판대상조항을 통해 달성하고자 하는 선거의 공정성은 매우 중요한 가치이다. 그러나 선거의 공정성도 결국에는 선거인의 선거권이 실질적으로 보장될 때 비로소 의미를 가진다. 심판대상조항의 불충분·불완전한 입법으로 인한 청구인의 선거권 제한을 결코 가볍다고 볼 수 없으며, 이는 심판대상조항으로 인해 달성되는 공익에 비해 작지 않다. 따라서 심판대상조항은 과잉금지원칙에 위배되어 청구인의 선거권을 침해한다』(헌재 2022.1.27. 2020헌마895). (목 ○ 수 ○ 해 × 법 ×)

> **기출지문** 재외투표기간 개시일에 임박하여 또는 재외투표기간 중에 재외선거사무 중지결정이 있었고 그에 대한 재개결정이 없었던 예외적인 상황에서 재외투표기간 개시일 이후에 귀국한 재외선거인 및 국외부재자신고인에 대하여 국내에서 선거일에 투표할 수 있도록 하는 절차를 마련하지 않았더라도 선거권을 침해하지 않는다. [23 경정승진] (×)

기각

149 사전투표관리관이 투표용지의 일련번호를 떼지 아니하고 선거인에게 교부하도록 정한 것은 선거권을 침해하지 않는다. [24 경찰간부]

| 해 설 | 『사전투표용지의 일련번호를 떼지 않도록 하는 것이 그렇지 않은 경우에 비해 발급된 투표수와 교부된 투표수를 비교할 수 있는 방법을 감소시키고 부정선거를 감시하는 수단이 줄어들게 한다는 측면에서, 공선법 조항이 청구인들의 선거권을 침해하는지 문제된다. … 바코드 방식의 일련번호는 육안으로 식별이 어려워 누군가가 바코드를 기억하는 방법으로 비밀투표 원칙에 위배되는 상황을 상정하기 어렵고, 공직선거법은 바코드에 선거인을 식별할 수 있는 개인정보가 들어가지 않도록 관리하므로, 바코드를 투표용지로부터 분리하지 않았다는 이유만으로 비밀투표원칙에 위배된다고 할 수 없다. 따라서 공선법 조항은 청구인들의 선거권을 침해하지 아니한다』(헌재 2023.10.26. 2022헌마231 등).

기각

150 사전투표관리관이 투표용지에 자신의 도장을 찍는 경우 도장의 날인을 인쇄날인으로 갈음할 수 있도록 한 「공직선거관리규칙」조항은 현저히 불합리하거나 불공정하여 사전투표자의 선거권을 침해한다고 볼 수 없다. [24 경찰간부]

| 해 설 | 헌재 2023.10.26. 2022헌마232 등

합헌

151 정치자금법에 정하지 않은 방법으로 정치자금을 기부받는 것을 금지하는 조항은 과잉금지원칙에 위배되어 정치인에게 기부하는 자의 정치활동 내지 정치적 표현의 자유를 침해하지 않는다.

152 국회의원에 대해서는 상시 후원회를 통하여 정치자금을 모금할 수 있도록 한 반면, 국회의원이 아닌 원외 당협위원장 또는 국회의원선거를 준비하는 자 등을 후원회지정권자에서 제외하여 정치자금을 모금할 수 없도록 하고 이를 위반하면 처벌하는 것은 평등원칙에 위배되지 않는다.

| 해 설 | 헌재 2023.10.26. 2020헌바402

▶ 공무담임권과 직업공무원제도

위헌

153 피성년후견인인 국가공무원은 당연퇴직한다고 정한 국가공무원법 규정은 공무담임권을 침해한다. [24 법원직9급]

| 해 설 | 『1. 피성년후견인을 당연퇴직사유로 규정하여 공무원의 신분을 박탈하고 있으므로, 공무담임권 침해 여부가 문제된다.
2. 헌법 제25조는 공무담임권의 내용에 관하여는 입법자에게 넓은 입법형성권을 인정하고 있지만, 그렇다고 하더라도 헌법 제37조 제2항의 기본권제한의 입법적 한계를 넘는 지나친 것이어서는 아니된다. 따라서 아래에서는 심판대상조항이 과잉금지원칙에 위배되어 공무담임권을 침해하는지 여부를 살펴본다.
3. 심판대상조항은 목적의 정당성과 수단의 적합성이 인정되지만, 피해의 최소성과 법익의 균형성을 충족하지 못하여 과잉금지원칙에 위배되어 공무담임권을 침해한다』(헌재 2022.12.22. 2020헌가8).

위헌 「과거 3년 이내의 당원 경력을 법관 임용 결격사유로 정한 사건」

154 과거 3년 이내의 당원 경력을 법관임용 결격사유로 정한「법원조직법」해당 조항 중 '당원의 신분을 상실한 날부터 3년이 경과되지 아니한 사람'에 관한 부분과 같이 과거 3년 이내의 모든 당원 경력을 법관 임용 결격사유로 정하는 것은 과잉금지원칙에 반하여 공무담임권을 침해한다.
[24 국가7급]

| 해 설 |『심판대상조항과 같이 과거 3년 이내의 모든 당원 경력을 법관 임용 결격사유로 정하는 것은, 입법목적 달성을 위해 합리적인 범위를 넘어 정치적 중립성과 재판 독립에 긴밀한 연관성이 없는 경우까지 과도하게 공직취임의 기회를 제한한다. 따라서 심판대상조항은 과잉금지원칙에 반하여 청구인의 공무담임권을 침해한다』(헌재 2024.7.18. 2021헌마460).

헌법불합치 「아동 성적 학대행위자에 대한 공무원 결격사유 사건」

155 「국가공무원법」해당 조항 중「아동복지법」제17조 제2호 가운데 '아동에게 성적 수치심을 주는 성희롱 등의 성적 학대행위로 형을 선고받아 그 형이 확정된 사람은 일반직 공무원과 부사관으로 임용될 수 없도록 한 부분은 공무담임권을 침해한다.

| 해 설 |『심판대상조항은 아동과 관련이 없는 직무를 포함하여 모든 일반직공무원 및 부사관에 임용될 수 없도록 하므로, 제한의 범위가 지나치게 넓고 포괄적이다. 또한, 심판대상조항은 영구적으로 임용을 제한하고, 결격사유가 해소될 수 있는 어떠한 가능성도 인정하지 않는다. 아동에 대한 성희롱 등의 성적 학대행위로 형을 선고받은 경우라고 하여도 범죄의 종류, 죄질 등은 다양하므로, 개별 범죄의 비난가능성 및 재범 위험성 등을 고려하여 상당한 기간 동안 임용을 제한하는 덜 침해적인 방법으로도 입법목적을 충분히 달성할 수 있다. 따라서 심판대상조항은 과잉금지원칙에 위배되어 청구인의 공무담임권을 침해한다』(헌재 2022.11.24. 2020헌마1181).

기출지문「국가공무원법」해당 조항 중「아동복지법」제17조 제2호 가운데 '아동에게 성적 수치심을 주는 성희롱 등의 성적 학대행위로 형을 선고받아 그 형이 확정된 사람은 일반직 공무원과 부사관으로 임용될 수 없도록 한 부분은 아동·청소년 대상 성범죄의 재범률을 고려해 볼 때 공무담임권을 침해하지 않는다.
[23 경찰간부] (×)

헌법불합치 「아동 성적 학대행위자에 대한 공무원 결격사유 사건」

156 아동·청소년이용음란물임을 알면서 이를 소지한 죄로 형을 선고받아 그 형이 확정된 사람은 일반직공무원으로 임용될 수 없도록 규정한「국가공무원법」및「지방공무원법」조항은 그 형이 확정된 사람의 공무담임권을 침해한다.

| 해 설 |『심판대상조항은 아동·청소년과 관련이 없는 직무를 포함하여 모든 일반직공무원에 임용될 수 없도록 하므로, 제한의 범위가 지나치게 넓고 포괄적이다. 또한, 심판대상조항은 영구적으로 임용을 제한하고, 결격사유가 해소될 수 있는 어떠한 가능성도 인정하지 않는다. 그런데 아동·청소년이용음란물소지죄로 형을 선고받은 경우라고 하여도 범죄의 종류, 죄질 등은 다양하므로, 개별 범죄의 비난가능성 및 재범 위험성 등을 고려하여 상당한 기간 동안 임용을 제한하는 덜 침해적인 방법으로도 입법목적을 충분히 달성할 수 있다. 따라서 심판대상조항은 과잉금지원칙에 위배되어 청구인들의 공무담임권을 침해한다』(헌재 2023.6.29. 2020헌마1605 등).

기출지문 아동·청소년대상 성범죄는 재범 위험성이 높고 시간이 지나도 공무수행을 맡기기에 충분할 만큼 국민의 신뢰가 회복되기 어려우므로, 아동·청소년이용음란물임을 알면서 이를 소지한 죄로 형을 선고받아 그 형이 확정된 사람은 일반직공무원으로 임용될 수 없도록 규정한 「국가공무원법」 및 「지방공무원법」 조항은 그 형이 확정된 사람의 공무담임권을 침해하지 않는다. [24 경찰2차] (×)

기각
157 (직선제 방식으로 이루어지는) 경북대학교 총장임용후보자선거의 후보자로 등록하려면 3,000만 원의 기탁금을 납부하고 후보자등록신청 시 기탁금납부영수증을 제출하도록 정한 것은 공무담임권을 침해하지 않는다.

158 제1차 투표에서 유효투표수의 100분의 10 이상 100분의 15 미만을 득표한 경우에는 기탁금 반액을 반환하고, 반환되지 않은 기탁금은 국립대학교발전기금에 귀속하도록 정한 국립대학 총장임용후보자 선정 규정은, 후보자의 진지성과 성실성을 담보하기 위한 최소한의 제한이므로 총장임용후보자선거의 후보자의 재산권을 침해하지 않는다. [23 국가7급]

| 해설 | 『이 사건 기탁금납부조항은 후보자 난립에 따른 선거의 과열을 방지하고 후보자의 성실성을 확보하기 위한 것이다. 경북대학교는 총장임용후보자 선정 방식으로 직선제를 채택하고, 전화, 정보통신망을 이용한 지지 호소 등 다양한 방식의 선거운동을 허용하고 있으므로, 선거가 과열되거나 혼탁해질 위험이 인정된다. 기탁금 제도를 두는 대신에 피선거권자의 자격 요건을 강화하면 공무담임권이 더 크게 제한될 소지가 있고, 추천인 요건을 강화하는 경우 사전 선거운동이 과열될 수 있으며, 선거운동 방법의 제한 및 이에 관한 제재를 강화하면 선거운동의 자유가 위축될 우려도 있다. 3,000만 원의 기탁금액은 경북대학교 전임교원의 급여액 등을 고려하면 납부할 수 없거나 입후보 의사를 단념케 할 정도로 과다하다고 할 수 없다. 따라서 이 사건 기탁금납부조항은 청구인의 공무담임권을 침해하지 아니한다』(헌재 2022.5.26. 2020헌마1219).

기각
159 청구인이 당선된 당해선거에 관한 것인지를 묻지 않고, 선거에 관한 여론조사의 결과에 영향을 미치게 하기 위하여 둘 이상의 전화번호를 착신 전환 등의 조치를 하여 같은 사람이 두 차례 이상 응답하여 100만 원 이상의 벌금형을 선고받은 자로 하여금 지방의회의원의 직에서 퇴직되도록 한 조항은 청구인의 공무담임권을 침해하지 않는다.

| 해설 | 『공직선거법 제256조 제1항 제5호 중 제108조 제11항 제2호의 선거범죄는 선거에 관한 여론조사의 결과에 영향을 미치게 하기 위하여 둘 이상의 전화번호를 착신전환 등의 조치를 하여 같은 사람이 두 차례 이상 응답하는 행위 또는 이를 지시·권유·유도하는 행위를 구성요건으로 하는 선거범죄를 저질러 100만 원 이상의 벌금형의 선고를 받은 자는 지방의회의원의 직에서 퇴직한다고 규정한 조항은 청구들의 공무담임권을 침해하지 않는다』(헌재 2022.3.31. 2019헌마986).

기출지문 청구인이 당선된 당해선거에 관한 것인지를 묻지 않고, 선거에 관한 여론조사의 결과에 영향을 미치게 하기 위하여 둘 이상의 전화번호를 착신 전환 등의 조치를 하여 같은 사람이 두 차례 이상 응답하여 100만 원 이상의 벌금형을 선고받은 자로 하여금 지방의회의원의 직에서 퇴직되도록 한 조항은 청구인의 공무담임권을 침해한다. [22 법원9급] (×)

관련판례 선거에 관한 여론조사의 결과에 영향을 미치게 하기 위하여 둘 이상의 전화번호를 착신전환 등의 조치를 하여 같은 사람이 두 차례 이상 응답하는 등의 행위로 100만 원 이상의 벌금형의 선고를 받고 그 형이 확정된 후 5년을 경과하지 아니한 자는 선거권이 없다고 규정한 「공직선거법」 조항은, 공정한 선거를 보장하고 선거범에 대하여 사회적 제재를 부과하며 일반국민에 대하여 선거의 공정성에 대한 의식을 제고하려는 것으로 선거권을 침해하지 아니한다(헌재 2022.3.31. 2019헌마986). [24 경찰간부]

기각
160 비위공무원에 대한 징계를 통해 불이익을 줌으로써 공직기강을 바로 잡고 공무수행에 대한 국민의 신뢰를 유지하고자 하는 공익은 제한되는 사익 이상으로 중요하므로, 공무원이 감봉처분을 받은 경우 12월간 승진임용을 제한하는 「국가공무원법」 조항 중 '승진임용'에 관한 부분은 공무담임권을 침해하지 않는다. [23 경찰간부·23 국회8급]

| 해 설 | 헌재 2022.3.31. 2020헌마211

기각
161 교육부 및 그 소속기관에서 근무하는 교육연구사 선발에 수석교사가 응시할 수 없도록 응시자격을 제한한 것은 공무담임권을 제한하지만 침해하지는 않는다.

| 해 설 | 헌재 2023.2.23. 2017헌마604

각하
162 지방자치단체 공무원이 연구기관이나 교육기관 등에서 연수하기 위한 휴직기간은 2년 이내로 한다고 규정한 「지방공무원법」 조항은 연수휴직 기간의 상한을 제한하는 내용으로, 공직취임의 기회를 배제하거나 공무원 신분을 박탈하는 것과 관련이 없으므로, 휴직조항으로 인하여 공무담임권이 침해될 가능성을 인정하기 어렵다. [24 경찰2차]

| 해 설 | 『교육받을 권리로부터 공무원이 휴직하여 법학전문대학원에서 수학할 것을 보장받을 권리가 도출된다고 할 수 없으므로 휴직조항으로 인하여 교육받을 권리가 침해될 가능성은 없다. 한편 휴직조항은 공직 취임이나 공무원 신분과 관련이 없으므로 공무담임권을 제한하지 않는다』(헌재 2024.2.28. 2020헌마1377).

⑥ 청구권적 기본권

▶ **청원권**

기각
163 국회에 제출한 청원서의 일반인에 대한 공개를 위해 30일 이내에 100명 이상의 찬성을 받도록 하고, 그 청원서가 일반인에게 공개되면 그로부터 30일 이내에 10만 명 이상의 동의를 받도록 한 「국회청원심사규칙」 규정들은 청원권을 제한하지만 침해하지 않는다.

| 해 설 | 『국민동의법령조항들은 의원소개조항에 더하여 추가적으로 국민의 동의를 받는 방식으로 국회에 청원하는 방법을 허용하면서 그 구체적인 요건과 절차를 규정하고 있는 것으로, 청원권의 구체적인 입법형성에 해당한다. 국민동의법령조항들이 청원서의 일반인에 대한 공개를 위해 30일

이내에 100명 이상의 찬성을 받도록 한 것은 일종의 사전동의제도로서, 중복게시물을 방지하고 비방, 욕설, 혐오표현, 명예훼손 등 부적절한 청원을 줄이며 국민의 목소리를 효율적으로 담아내고자 함에 그 취지가 있다. 다음으로, 청원서가 일반인에게 공개되면 그로부터 30일 이내에 10만 명 이상의 동의를 받도록 한 것은 국회의 한정된 심의 역량과 자원의 효율적 배분을 고려함과 동시에, 일정 수준 이상의 인원에 해당하는 국민 다수가 관심을 갖고 동의하는 의제가 논의 대상이 되도록 하기 위한 것이다. 국회에 대한 청원은 법률안 등과 같이 의안에 준하여 위원회 심사를 거쳐 처리되고, 다른 행정부 등 국가기관과 달리 국회는 합의제 기관이라는점에서 청원 심사의 실효성을 확보할 필요성 또한 크다. 이와 같은 점에서 국민동의법령조항들이 설정하고 있는 청원찬성·동의를 구하는 기간 및 그 인원수는 불합리하다고 보기 어렵다. 따라서 국민동의법령조항들은 입법재량을 일탈하여 청원권을 침해하였다고 볼 수 없다』(헌재 2023. 3. 23. 2018헌마460 등).

기출지문 청원서의 일반인에 대한 공개를 위해 30일 이내에 100명 이상의 찬성을 받도록 하고, 청원서가 일반인에게 공개되면 그로부터 30일 이내에 10만 명 이상의 동의를 받도록 한 「국회청원심사규칙」 조항은 청원의 요건을 지나치게 까다롭게 설정하여 국민의 청원권을 침해한다. [24 경정승진·23 국가7급] (×)

▶ 재판청구권

적용중지 헌법불합치

164 형법은 권리행사방해죄(제323조)와 관련하여 제328조에서 가해자와 피해자가 일정한 친족관계가 있는 경우 형을 면제하거나 고소가 있어야 공소를 제기할 수 있도록 규정하고, 이를 강도죄와 손괴죄를 제외한 다른 모든 재산범죄에 준용하고 있다.

165 친족상도례를 규정한 형법 제328조 제1항은 여러 사정들을 전혀 고려하지 아니한 채 법관으로 하여금 직계혈족, 배우자, 동거친족, 동거가족 또는 그 배우자간의 일정 범죄를 제외한 재산죄의 경우 형면제 판결을 선고하도록 획일적으로 규정하여, 거의 대부분의 사안에서는 기소가 이루어지지 않고 있고, 이에 따라 형사피해자는 재판절차에 참여할 기회를 상실하고 있다. 따라서 심판대상조항은 형사피해자가 법관에게 적절한 형벌권을 행사하여 줄 것을 청구할 수 없도록 하는바, 이는 입법재량을 명백히 일탈하여 현저히 불합리하거나 불공정한 것으로서 형사피해자의 재판절차진술권을 침해한다.

166 심판대상조항은 형사피해자의 재판절차진술권을 침해하므로, 심판대상조항에 대하여 단순위헌결정을 하는 것이 원칙이다. 그러나 심판대상조항의 위헌성은 일정한 친족 사이의 재산범죄와 관련하여 형사처벌의 특례를 인정하는 것에 있음이 아니라, 넓은 범위의 친족에 대해, 재산범죄의 불법성의 경중을 묻지 않고, 피해자의 의사에 관계없이 '일률적으로 형면제'를 함에 따라, 구체적 사안에서 형사피해자의 재판절차진술권이 형해화될 수 있다는 점에 있다. 심판대상조항의 위헌성을 제거하는 데에는, 현실적 가족·친족 관계와 피해의 정도 및 가족·친족 사이 신뢰와 유대의 회복가능성 등을 고려한 피해자의 가해자에 대한 처벌의 의사표시를 소추조건으로 하는 등 여러 가지 선택가능성이 있을 수 있으며, 입법자는 충분한 사회적 합의를 거쳐 그 방안을 강구할 필요가 있다. 따라서 심판대상조항에 대하여 단순위헌결정을 하는 대신 헌법불합치결정을 선고하되 그 적용을 중지한다.

> **판례정리** 친족상도례(형 면제를 규정한 제328조 1항) 사건의 수험적 정리
>
> 1. 문제되는 기본권 : 재판절차진술권
>   ① 적법절차원칙 : 별도로 판단 ×
>   ② 평등권 : 심판대상조항인 제328조 제1항은 형벌조각사유에 관한 규정이고, 형법 제328조 제2항은 소추조건에 관한 규정이므로 직접 비교의 대상이 된다고 보기 어렵다.
>   ③ '국가의 보호의무 위반' 주장은 형사피해자의 재판절차진술권 침해 주장과 다르지 않으므로 국가의 보호의무 위배 여부에 관하여 별도로 판단하지 않는다.
>   ④ 청구인은 재산권, 가족생활의 자유, 행복추구권을 침해한다고 주장했지만 제한조차 되지 않는다.
> 2. 심사기준 : 형사피해자의 재판절차진술권에 관한 헌법 제27조 제5항이 정한 법률유보는 이른바 기본권 형성적 법률유보에 해당하므로, 심판대상조항이 명백히 불합리하여 형사피해자의 재판절차진술권을 침해하는지 여부를 살펴본다. (과잉금지원칙 ×)
> 3. 결론 : 적용중지 헌법불합치 (헌재 2024.6.27. 2020헌마468 등)
> ※ 이와는 별도로 직계혈족·배우자·동거친족·동거가족을 제외한 친족이 저지른 재산범죄는 고소가 있어야 공소를 제기할 수 있도록 정한 형법 328조 2항은 헌법에 위반되지 않는다고 결정되었다. 이 조항은 피해자의 의사에 따라 국가형벌권 행사가 가능하기 때문에 피해자의 재판절차진술권은 문제되지 않고, 평등권을 침해하지 않는다고 판단되었다. [24 경찰간부]

각하

167 외국인이 출입국관리법에 의하여 보호처분을 받아 수용되었다가 이후 난민인정을 받은 경우 및 법률상 근거 없이 송환대기실에 수용되었던 경우에 대하여, 헌법에서 명시적으로 보상을 해주어야 할 입법의무를 부여하고 있다거나 헌법해석상 국가의 입법의무가 발생하였다고 볼 수 없다.

| 해 설 | 『헌법에서 명시적으로 입법자에게 국내에서 난민인정신청을 한 외국인이 강제퇴거명령을 받고 보호처분을 받아 수용되었다가 이후 난민인정을 받은 경우 및 출입국항에서 입국불허결정을 받은 외국인이 법률상 근거 없이 송환대기실에 수용되었던 경우에 대하여 보상을 해주어야 할 입법의무를 부여하고 있다고 볼 수 없다. 또한 출입국관리법에 따른 보호명령과 송환대기실에서의 수용은 신체의 자유 제한 자체를 목적으로 하는 형사절차상의 인신구속과 그 목적이나 성질이 다르다는 점, 외국인의 입국과 국내 체류에 관한 사항은 주권국가로서의 기능을 수행하는 데 필요한 것으로서 광범위한 정책재량의 영역에 있고, 외국인의 국내 체류에 관한 사항은 주권국가로서의 기능을 수행하는 데 필수적인 것이므로 엄격하게 관리되어야 하는 점, 국가는 국가배상법 제정을 통해 스스로의 불법행위로 인한 손해를 배상함으로써 그 피해를 회복하여 주는 국가배상제도를 마련하고 있는 점 등에 비추어 보면, 헌법해석상으로도 위와 같은 입법의무가 도출된다고 볼 수 없다』(헌재 2024.1.25. 2020헌바475 등).

기각

168 교정시설의 장이 미결수용자에게 교정시설 내 규율위반에 대해 징벌을 부과한 뒤 그 규율위반 내용 및 징벌처분 결과 등을 관할 법원에 양형 참고자료로 통보한 것은 재판청구권을 제한하지 않는다.

| 해 설 | 『교정시설의 장이 미결수용자의 교정시설 내 규율위반 내용 및 징벌처분 결과를 법원에 통보한다고 하더라도 이는 법관이 양형에 참고할 수 있는 자료 중 하나로 작용할 수 있을 뿐이고, 그

내용이 공개된 법정에서 양형을 위한 증거조사의 대상이 되는 데에 어떠한 장애가 되거나, 이와 관련한 청구인의 공격·방어권 행사에 영향을 미치는 것은 아니다. 청구인은 그 내용이 양형에 불리하게 작용하지 않도록 자신에게 유리한 주장을 하거나 반증을 제출할 수 있다. 따라서 이 사건 통보행위가 청구인의 공정한 재판을 받을 권리를 제한한다고 보기 어렵다』(헌재 2023.9.26. 2022헌마926).
※ 개인정보자기결정권이 제한되지만 침해되지는 않는다.

> **기출지문** 교정시설의 장이 미결수용자에게 교정시설 내 규율위반에 대해 징벌을 부과한 뒤 그 규율위반 내용 및 징벌처분 결과 등을 관할 법원에 양형 참고자료로 통보한 것은, 법관이 양형에 참고할 수 있는 자료로 작용할 수 있어 미결수용자의 공정한 재판을 받을 권리를 제한한다. [24 경찰2차] (×)

[기각]

169 「조세범 처벌절차법」에 따른 통고처분을 행정쟁송의 대상에서 제외시킨 「국세기본법」 제55조 제1항 단서 제1호는 재판청구권을 침해한다고 할 수 없다. [24 경찰간부]

| 해 설 | 『조세범 처벌절차법'에 따른 통고처분은 형벌의 비범죄화 정신에 접근하는 제도로서 형벌적 제재의 불이익을 감면해주는 제도이다. 심판대상조항으로 인해 통고처분을 받은 당사자가 행정쟁송을 제기하는 등으로 적극적·능동적으로 다툴 수는 없지만, 통고받은 벌금상당액을 납부하지 않음으로써 고발, 나아가 형사재판절차로 이행되게 하여, 여기에서 재판절차에 따라 법관에 의한 판단을 받을 수 있으므로, 당사자에게는 정식재판의 절차도 보장되어 있다. '조세범 처벌절차법'에 따른 통고처분에 대하여 형사절차와 별도의 행정쟁송절차를 두는 것은 신속한 사건 처리를 저해할 수 있고, 절차의 중복과 비효율을 초래할 수 있다. 위와 같은 점을 종합하여 보면, '조세범 처벌절차법'에 따른 통고처분에 대하여 행정쟁송을 배제하고 있는 입법적 결단이 현저히 불합리하다고 보기 어렵다. 따라서 심판대상조항이 청구인의 재판청구권을 침해한다고 할 수 없다』(헌재 2024.4.25. 2022헌마251).

> **판례정리** 재판청구권 관련 합헌판례 문구 모음
> ① 판결의 증거가 된 문서, 그 밖의 물건이 가벌성 있는 위조 또는 변조행위에 의한 것일 때를 재심사유로 규정한 것 (2020헌바519)
> ② 판단누락을 이유로 한 재심의 제기기간인 '판결이 확정된 뒤 재심의 사유를 안 날부터 30일'을 불변기간으로 정한 것 (2020헌바519)
> ③ 이해관계인에 대한 매각기일 및 매각결정기일의 통지는 집행기록에 표시된 이해관계인의 주소에 발송하도록 한 것 (2017헌바390) [23 법원9급]

▶ 국가배상청구권

[합헌]

170 순직한 군인의 유족이 다른 법령에 따라 보상을 지급받을 수 있을 때에는 국가에 대하여 손해배상을 청구할 수 없도록 규정한 국가배상법 제2조 제1항 단서 중 '직무 집행과 관련하여 순직한 군인의 유족'에 관한 부분은 헌법 제29조 제2항의 위임범위를 일탈한 것은 아니다.

| 해 설 | 『심판대상조항은 헌법 제29조 제2항에 직접 근거하고, 실질적으로 같은 내용을 규정한 것이므로 헌법 제29조 제2항의 위임범위를 일탈하였다고 볼 수 없다』(헌재 2024.8.29. 2021헌바86 등).

⑦ 사회권적 기본권

▶ 인간다운 생활을 할 권리

[합헌]

171 육아휴직 급여 신청기간을 제한한 고용보험법 제70조 제2항 본문 중 '육아휴직이 끝난 날 이후 12개월 이내에 신청하여야 한다.' 부분은 인간다운 생활을 할 권리와 재산권을 제한하지만 침해하지 않는다.

| 해 설 | 『1. 고용보험법상 육아휴직 급여를 받을 권리는 인간다운 생활을 할 권리(헌법 제34조 제1항) 및 이를 보장하기 위한 구체적 제도로서 사회보장과 사회복지에 관한 정책을 마련하고 실시할 국가의 의무(헌법 제34조 제2항)와 혼인과 가족을 지원하고 보호해야 할 국가의 의무(헌법 제36조 제1항)에 근거하여 형성된 권리이다. 또한, 육아휴직 급여제도는 고용보험료의 납부를 통하여 육아휴직 급여 수급권자도 그 재원의 형성에 일부 기여한다는 점에서 후불임금의 성격도 가미되어 있으므로, 고용보험법상 육아휴직 급여수급권은 경제적 가치가 있는 권리로서 헌법 제23조에 의하여 보장되는 재산권의 성격도 가지고 있다.

2. 일정한 권리의 행사기간을 제척기간으로 할 것인지, 소멸시효로 할 것인지, 나아가 행사기간의 기산점과 그 기간을 어느 정도로 할 것인지는, 육아휴직 급여수급권자에 대한 보호와 육아휴직 급여를 둘러싼 법률관계를 안정시킨다는 이익을 어떻게 조화시킬 것인가의 문제로서, 원칙적으로 입법자의 재량사항에 속한다.

3. 심판대상조항은 권리의무관계를 조기에 확정하고 고용보험기금 재정운용의 불안정성을 차단하여 기금재정을 합리적으로 운용하기 위한 것으로서 합리적인 이유가 있고, 그 내용이 현저히 불합리하여 헌법상 용인될 수 있는 재량의 범위를 명백히 벗어났다고 볼 수 없으므로, 육아휴직 급여수급권자의 인간다운 생활을 할 권리나 재산권을 침해한다고 볼 수 없다』(헌재 2023.2.23. 2018헌바240).

[기각]

172 일반인과 달리 공무원에게 재해보상을 위하여 실시되는 급여의 종류로 휴업급여 또는 상병보상연금 규정을 두고 있지 않은 것은 인간다운 생활을 할 권리를 침해하지 않고, 평등권을 침해하지 않는다. [24 경찰간부]

| 해 설 | 헌재 2024.2.28. 2020헌마1587

[기각]

173 재요양을 받는 경우에 재요양 당시의 임금을 기준으로 휴업급여를 산정하도록 한 구「산업재해보상보험법」 조항은 진폐 근로자의 인간다운 생활을 할 권리를 침해하지 아니한다.

| 해 설 | 헌재 2024.4.25. 2021헌마316

[기각] 「미성년자에 대한 생활자금 대출상환의무 부과 사건」

174 자동차사고 피해가족 중 유자녀에 대한 대출을 규정한 구「자동차손해배상 보장법 시행령」 중 '유자녀의 경우에는 생계유지 및 학업을 위한 자금의 대출' 부분은 인간다운 생활을 할 권리를 침해하지 않는다.

| 해 설 | 『심판대상조항이 대출의 형태로 유자녀의 양육에 필요한 경제적 지원을 하는 것은 유자녀가 향후 소득활동을 할 수 있게 된 후에는 자금을 회수하여, 자동차 운전자들의 책임보험료로 마련된 기금을 가급적 많은 유자녀를 위해 사용할 수 있게 하기 위함이다. 심판대상조항에 따르면 대출을 신청한 법정대리인이 상환의무를 부담하지 않으므로 법정대리인과 유자녀 간의 이해충돌이라는 부작용이 일부 발생할 가능성이 있지만, 이를 이유로 생활자금 대출 사업 전체를 폐지하면, 대출로라도 생활자금의 조달이 필요한 유자녀에게 불이익이 돌아가게 될 수 있다. 유자녀에 대한 적기의 경제적 지원 및 자동차 피해지원사업의 지속가능성 확보는 중요하다는 점, 민법상 부당이득반환청구와 같은 구제수단이 있다는 점 등을 고려하면, 심판대상조항은 청구인 강ㅁㅁ의 아동으로서의 인간다운 생활을 할 권리를 침해하지 않는다』(헌재 2024.4.25. 2021헌마473).

기출지문 자동차사고 피해가족 중 유자녀에 대한 대출을 규정한 구「자동차손해배상 보장법 시행령」조항 중 '유자녀의 경우에는 생계유지 및 학업을 위한 자금의 대출' 부분은, 대출을 신청한 법정대리인이 상환의무를 부담하지 않으므로, 유자녀의 아동으로서의 인간다운 생활을 할 권리를 침해한다. [24 경찰간부]   (×)

175 공영방송은 사회·문화·경제적 약자나 소외계층이 마땅히 누려야 할 문화에 대한 접근기회를 보장하여 인간다운 생활을 할 권리를 실현하는 기능을 수행하므로 우리 헌법상 그 존립가치와 책무가 크다. [24 경찰간부]

| 해 설 | 헌재 2024.5.30. 2023헌마820 등

▶ 교육을 받을 권리

기각

176 서울대학교 총장의 '2022학년도 대학 신입학생 정시모집('나'군) 안내' 중 수능 성적에 최대 2점의 교과이수 가산점을 부여하고, 2020년 2월 이전 고등학교 졸업자에게 모집단위별 지원자의 가산점 분포를 고려하여 모집단위 내 수능점수 순위에 상응하는 가산점을 부여하도록 한 부분은 균등하게 교육받을 권리를 침해하는 것이라고 볼 수 없다.

| 해 설 | 『이 사건 가산점 사항은, 2015 개정 교육과정의 내실 있는 운영이라는 공익을 추구하면서도, 위 교육과정을 따를 수 없는 지원자에게 동등한 기회를 제공하고 있다. 이는 2015 개정 교육과정을 이수한 사람들이 대부분 가산점 2점을 받는다면 해당 모집단위에 지원한 다른 교육과정 지원자들도 대부분 가산점 2점을 받게 되는 구조이므로, 청구인을 불합리하게 차별하여 균등하게 교육받을 권리를 침해하는 것이라고 볼 수 없다』(헌재 2022.3.31. 2021헌마1230).

기각 「서울대학교 저소득학생 특별전형 사건」

177 서울대학교 2023학년도 저소득학생 특별전형의 모집인원을 모두 수능위주전형으로 선발하도록 정한 입시계획은 신뢰보호원칙에 위반되지 않고, 균등하게 교육을 받을 권리를 침해하지 않는다. [23 경찰간부]

| 해 설 | 『저소득학생 특별전형과 달리 농어촌학생 특별전형은 학생부종합전형으로 실시된다. 저소득학생 특별전형과 농어촌학생 특별전형은 그 목적, 지원자들 특성 등이 동일하지 아니하므로, 전형방법을 반드시 동일하게 정해야 한다고 볼 수 없다. 수능 성적으로 학생을 선발하는 전형방법이 사

회통념적 가치기준에 적합한 합리적인 방법인 이상, 대입제도 공정성을 강화하기 위해 수능위주전형 비율을 높이면서 농어촌학생 특별전형과 달리 저소득학생 특별전형에서는 모집인원 전체를 수능위주전형으로 선발한다고 하더라도, 이것이 저소득학생의 응시기회를 불합리하게 박탈하는 것이라고 보기는 어렵다. 결국 이 사건 입시계획은 청구인의 균등하게 교육을 받을 권리를 침해하지 않는다』(헌재 2022.9.29. 2021헌마929).

각하

178 헌법 제31조 제1항과 제6항은 변호사시험을 준비하는 법학전문대학원 졸업생에 대해 법학전문대학원에서의 보수교육을 시행하도록 하는 내용의 구체적이고 명시적인 입법의무를 입법자에게 부여하고 있다고 볼 수 없다. [24 경찰간부]

| 해 설 | 『위와 같은 헌법규정만으로는 변호사시험을 준비하는 법학전문대학원 졸업생에 대해 법학전문대학원에서의 보수교육을 시행하도록 하는 내용의 구체적이고 명시적인 입법의무를 입법자에게 부여하고 있다고 볼 수 없고, 그 밖에 다른 헌법조항을 살펴보아도 위와 같은 내용에 대한 명시적인 입법위임을 발견할 수 없다』(헌재 2024.1.25. 2021헌마113 등).

▶ 근로의 권리 · 근로3권

합헌

179 근로자들의 단체행동권은 집단적 실력행사로서의 위력의 요소를 가지고 있으므로, 사용자의 재산권이나 직업의 자유, 경제활동의 자유를 현저히 침해하고, 거래질서나 국가 경제에 중대한 영향을 미치는 단체행동권의 행사에 대하여는 제한이 가능하다. [23 경찰2차]

180 사인 간 기본권 충돌의 경우 입법자에 의한 규제와 개입은 개별 기본권 주체에 대한 기본권 제한의 방식으로 흔하게 나타나며, 근로계약이 사적 계약관계라는 이유로 국가가 개입할 수 없다고 볼 것은 아니다. [24 경정승진]

181 형법 제314조 제1항 중 '위력으로써 사람의 업무를 방해한 자' 부분은 헌법에 위반되지 않는다.

| 해 설 | 헌재 2022.5.26. 2012헌바66

합헌 「부당노동행위에 대한 형사처벌 사건」

182 노조전임자의 급여를 지원하는 행위를 금지하는 노동조합 및 노동관계조정법 제81조 제4호 본문 중 '노동조합의 전임자에게 급여를 지원하는 행위' 부분은 헌법에 위반되지 않는다.

| 해 설 | 헌재 2022.5.26. 2019헌가341

기각

183 특수경비원의 파업·태업 그 밖에 경비업무의 정상적인 운영을 저해하는 일체의 쟁의행위를 금지하는 경비업법 제15조 제3항은 청구인들의 단체행동권을 침해하지 않는다. [24 법행]

| 해 설 | 『1. 입법자는 근로3권을 제한함에 있어서 근로3권을 보장하고 있는 헌법의 정신을 존중하여야 함은 물론 국제사회에 있어서의 노동관계 법규 등도 고려하여야 하지만, 다른 한편, 해당 직무의 성질, 그 시대의 국가·사회적 상황 등도 아울러 고려하여 합리적으로 결정하여야 한다.

2. 근로조건에 관한 근로자들의 협상력을 사용자와 대등하게 만들어주기 위하여 근로자들의 집단적인 실력행사를 보장하는 기본권인 단체행동권에 있어서도, 입법자로서는 근로자의 권리행사의 실질적 조건을 형성하고 유지할 수 있도록 법률을 통해 단체행동권을 보장하고 실현하여야 할 것이나, 단체행동권의 보장은 사용자와 근로자단체와의 관계에서 사용자에게 일정한 손해를 감수할 의무를 수반할 수밖에 없다는 점을 감안하면 단체행동권을 제한이 불가능한 절대적 기본권으로 인정할 수는 없다. 단체행동권 역시 헌법 제37조 제2항에 따라 국가안전보장, 질서유지 또는 공공복리를 위하여 필요한 경우에는 그 본질적 내용을 침해하지 않는 범위 내에서 법률로써 제한할 수 있으므로, 그 제한의 위헌 여부는 과잉금지원칙을 준수하였는지 여부에 따라 판단되어야 한다.

3. 심판대상조항은 과잉금지원칙에 위배되어 나머지 청구인들의 단체행동권을 침해하지 아니한다』
(헌재 2023.3.23. 2019헌마937).

기각

184 특수형태근로종사자들을 위해 '고용보험 및 산업재해보상보험의 보험료징수 등에 관한 법률'의 위임에 따른 대통령령을 제정하지 아니한 행정입법부작위는 근로의 권리를 침해하지 않는다.

| 해 설 | 헌재 2023.10.26. 2020헌마93

기각

185 일정한 경우 사용자로 하여금 일방적으로 취업규칙의 작성·변경을 통하여 기존의 근로조건을 근로자에게 불리하게 변경할 수 있도록 하는 것은 근로자들이 그 단결체를 통해 해당 근로조건에 관하여 사용자와 집단적으로 교섭하는 것을 제한하므로, 근로자 또는 근로자단체의 단체교섭권을 제한한다. [24 법행]

| 해 설 | 『최저임금 산입을 위하여 임금지급 주기에 관한 취업규칙을 변경하는 경우 노동조합 또는 근로자 과반수의 동의를 받을 필요 없도록 규정한 이 사건 특례조항은 사용자가 일방적으로 상여금 등의 지급주기를 변경할 수 있도록 함으로써 근로자가 근로자단체를 통해 사용자와 집단적으로 교섭하는 것을 제한하므로, 노동조합과 그 조합원의 단체교섭권을 제한한다. 그러나 과잉금지원칙에 위배되어 청구인들의 단체교섭권을 침해한다고 볼 수 없다』(헌재 2021.12.23. 2018헌마629 등).

186 단체행동권은 단체행동권 보장 자체만으로 헌법적 보장의 목적을 달성할 수 있는 자기 목적적인 기본권이 아니다.

| 해 설 | 『단체행동권은 단체행동권 보장 자체만으로 헌법적 보장의 목적을 달성할 수 있는 자기 목적적인 기본권이 아니다. 단체행동권은 국가가 직접 노사관계에 개입하여 근로자들의 근로조건을 마련하여 생활을 보장하는 대신 사회적·경제적 열위에 있는 근로자들의 협상력을 사용자와 대등하게 만들어 줌으로써 집단적인 노사관계의 자율적인 형성과 실질적인 자치를 달성하기 위하여 인정되는 기본권이다』(헌재 2022.5.26. 2012헌바66).

기출지문 단체행동권은 단체행동권 보장 자체만으로 헌법적 보장의 목적을 달성할 수 있는 자기 목적적인 기본권에 해당한다. [24 법행] (×)

▶ 환경권

187 [헌법불합치] 정부가 '국가 온실가스 배출량을 2030년까지 2018년의 국가 온실가스 배출량 대비 35퍼센트 이상의 범위에서 대통령령으로 정하는 비율만큼 감축하는 것'을 '중장기 국가 온실가스 감축목표'로 하도록 규정한 '기후위기 대응을 위한 탄소중립·녹색성장 기본법' 제8조 제1항은 환경권을 침해한다.

| 해 설 | 『1. 탄소중립기본법 제8조 제1항에서 2031년부터 2049년까지의 감축목표에 관하여 어떤 형태의 정량적 기준도 제시하지 않은 것은, 같은 조 제4항의 온실가스 감축목표 재설정 주기나 범위 등 관련 법령의 체계를 살펴보더라도 2050년 탄소중립의 목표 시점에 이르기까지 점진적이고 지속적인 감축을 실효적으로 담보할 수 없으므로, 미래에 과중한 부담을 이전하는 방식으로 온실가스 감축목표를 규율한 것이다. 구체적인 감축목표를 정할 때 단기적일 수도 있는 정부의 상황 인식에만 의존하는 구조로는 온실가스 감축정책의 적극성 및 일관성을 담보하기 어렵다. 따라서 탄소중립기본법 제8조 제1항은 2031년부터 2049년까지의 감축목표에 대한 규율에 관하여 기후위기라는 위험상황에 상응하는 보호조치로서 필요한 최소한의 성격을 갖추지 못하였으므로 과소보호금지원칙을 위반하였다.

2. 2031년부터 2049년까지의 감축목표에 관하여 대강의 정량적 수준도 규정하지 않고 이에 관해 정부가 5년마다 정하도록 한 것은 의회유보원칙을 포함하는 법률유보원칙을 위반한 것이다. 결국 탄소중립기본법 제8조 제1항은 과소보호금지원칙 및 법률유보원칙에 반하여 기본권 보호의무를 위반하였으므로 청구인들의 환경권을 침해한다』(헌재 2024.8.29. 2020헌마389 등).

188 [기각] 비사업용자동차의 타인광고를 제한하는 것은, 자동차 이용 광고물의 난립을 방지하여 도시미관과 도로 안전 등을 확보함으로써, 국민이 안전하고 쾌적한 환경에서 생활할 수 있도록 하기 위한 것이다. [24 해경간부]

| 해 설 | 헌재 2022.1.27. 2019헌마327

189 [기각] 「학교의 마사토 운동장에 대한 유해중금속 등 유해물질의 유지·관리 기준 부재 사건」
학교시설에서의 유해중금속 등 유해물질의 예방 및 관리 기준을 규정한 학교보건법 시행규칙 제3조 제1항 제1호의2 [별표 2의2] 제1호, 제2호에 마사토 운동장에 대한 규정을 두지 아니한 것은 청구인의 환경권을 침해하지 않는다.

| 해 설 | 『국가가 국민의 건강하고 쾌적한 환경에서 생활할 권리에 관한 보호의무를 다하지 않았는지를 헌법재판소가 심사할 때에는 국가가 이를 보호하기 위하여 적어도 적절하고 효율적인 최소한의 보호조치를 취하였는가 하는 이른바 '과소보호금지원칙'의 위반 여부를 기준으로 삼아야 한다. … 심판대상조항에 마사토 운동장에 대한 기준이 도입되지 않았다는 사정만으로 국민의 환경권을 보호하기 위한 국가의 의무가 과소하게 이행되었다고 평가할 수는 없다. 따라서 심판대상조항은 청구인의 환경권을 침해하지 아니한다』(헌재 2024.4.25. 2020헌마107). [24 해경간부]

▶ 혼인과 가족생활에 관한 권리

헌법불합치 합헌 「8촌 이내 혈족 사이의 혼인을 금지하는 조항, 그 사이에 이루어진 혼인을 무효로 하는 조항 사건」

190 8촌 이내의 혈족 사이에서는 혼인할 수 없도록 하는 민법 제809조 제1항(금혼조항)은 혼인의 자유를 침해하지 않는다. [23 경찰간부·23 법학경채]

191 이 사건 금혼조항을 위반한 혼인을 무효로 하는 민법 제815조 제2호는 혼인의 자유를 침해한다.

| 해 설 | 『[1] 이 사건 금혼조항은 근친혼으로 인하여 가까운 혈족 사이의 상호관계 및 역할, 지위와 관련하여 발생할 수 있는 혼란을 방지하고 가족제도의 기능을 유지하기 위한 것으로서 정당한 입법목적 달성을 위한 적합한 수단에 해당하는 등 혼인의 자유를 침해하지 않는다.
[2] 『이 사건 무효조항은 이 사건 금혼조항의 실효성을 보장하기 위한 것으로서 정당한 입법목적 달성을 위한 적합한 수단에 해당한다. 다만, 이미 근친혼이 이루어져 당사자 사이에 부부간의 권리와 의무의 이행이 이루어지고 있고, 자녀를 출산하거나 가족 내 신뢰와 협력에 대한 기대가 발생하였다고 볼 사정이 있는 때에 일률적으로 그 효력을 소급하여 상실시킨다면, 이는 가족제도의 기능 유지라는 본래의 입법목적에 반하는 결과를 초래할 가능성이 있다. 이 사건 무효조항의 입법목적은 근친혼이 가까운 혈족 사이의 신분관계 등에 현저한 혼란을 초래하고 가족제도의 기능을 심각하게 훼손하는 경우에 한정하여 무효로 하더라도 충분히 달성 가능하고, 위와 같은 경우에 해당하는지 여부가 명백하지 않다면 혼인의 취소를 통해 장래를 향하여 혼인을 해소할 수 있도록 규정함으로써 가족의 기능을 보호하는 것이 가능하므로, 이 사건 무효조항은 입법목적 달성에 필요한 범위를 넘는 과도한 제한으로서 침해의 최소성을 충족하지 못한다. 나아가 이 사건 무효조항을 통하여 달성되는 공익은 결코 적지 아니하나, 이 사건 무효조항으로 인하여 제한되는 사익 역시 중대함을 고려하면, 이 사건 무효조항은 법익균형성을 충족하지 못한다. 그렇다면, 이 사건 무효조항은 과잉금지원칙에 위배하여 혼인의 자유를 침해한다』(헌재 2022.10.27. 2018헌바115). (목 ○· 수 ○ 해 × 법 ×)

헌법불합치

192 '혼인 중 여자와 남편 아닌 남자 사이에서 출생한 자녀에 대한 생부의 출생신고'를 허용하도록 규정하지 아니한 것은 혼인 외 출생자인 청구인들의 태어난 즉시 '출생등록될 권리'를 침해한다.

193 위 규정은 생부인 청구인들의 평등권을 침해하는 것은 아니다. [23 법학경채]

| 해 설 | 『1. 태어난 즉시 '출생등록될 권리'는 '출생 후 아동이 보호를 받을 수 있을 최대한 빠른 시점'에 아동의 출생과 관련된 기본적인 정보를 국가가 관리할 수 있도록 등록할 권리로서, 아동이 사람으로서 인격을 자유로이 발현하고, 부모와 가족 등의 보호하에 건강한 성장과 발달을 할 수 있도록 최소한의 보호장치를 마련하도록 요구할 수 있는 권리이다. 이는 헌법에 명시되지 아니한 독자적 기본권으로서, 자유로운 인격실현을 보장하는 자유권적 성격과 아동의 건강한 성장과 발달을 보장하는 사회적 기본권의 성격을 함께 지닌다.
2. 심판대상조항들은 입법형성권의 한계를 넘어서 실효적으로 출생등록될 권리를 보장하고 있다고 볼 수 없으므로, 혼인 중 여자와 남편 아닌 남자 사이에서 출생한 자녀에 해당하는 혼인 외 출생자인 청구인들의 태어난 즉시 '출생등록될 권리'를 침해한다.

3. 심판대상조항들이 혼인 중인 여자와 남편 아닌 남자 사이에서 출생한 자녀의 경우에 혼인 외 출생자의 신고의무를 모에게만 부과하고, 남편 아닌 남자인 생부에게 자신의 혼인 외 자녀에 대해서 출생신고를 할 수 있도록 규정하지 아니한 것은 모는 출산으로 인하여 그 출생자와 혈연관계가 형성되는 반면에, 생부는 그 출생자와의 혈연관계에 대한 확인이 필요할 수도 있고, 그 출생자의 출생사실을 모를 수도 있다는 점에 있으며, 이에 따라 가족관계등록법은 모를 중심으로 출생신고를 규정하고, 모가 혼인 중일 경우에 그 출생자는 모의 남편의 자녀로 추정하도록 한 민법의 체계에 따르도록 규정하고 있는 점에 비추어 합리적인 이유가 있다. 그렇다면, 심판대상조항들은 생부인 청구인들의 평등권을 침해하지 않는다』(헌재 2023. 3. 23. 2021헌마975).

변형지문 태어난 즉시 '출생등록 될 권리'는 헌법상의 기본권이 아니라 법률상의 권리이므로 '혼인 중 여자와 남편 아닌 남자 사이에서 출생한 자녀에 대한 생부의 출생신고'를 허용하도록 규정하지 아니한 「가족관계의 등록 등에 관한 법률」 조항이 혼인외 출생자인 청구인들의 태어난 즉시 '출생등록 될 권리'를 침해하는 것은 아니다. [23 경찰2차]　　　　　　　　　　　　　　　　　　　　　　　　　　　　　　(×)

[합헌]
194 입양신고 시 신고사건 본인이 시·읍·면에 출석하지 아니하는 경우에는 신고사건 본인의 신분증명서를 제시하도록 한 「가족관계등록법」 규정은 입양당사자의 가족생활의 자유를 침해한다고 보기 어렵다. [23 법학경채]

| 해 설 | 헌재 2022. 11. 24. 2019헌바108

[기각]
195 국가에게 혼인과 가족생활의 보호자로서 부모의 자녀양육을 지원할 헌법상 과제가 부여되어 있다 하더라도, 그로부터 곧바로 헌법이 국가에게 자녀를 양육하는 모든 병역의무 이행자들의 출퇴근 복무를 보장하여 자녀가 있는 대체복무요원들까지 합숙복무의 예외를 인정하여야 할 명시적인 입법의무를 부여하였다고 할 수는 없다. [24 경찰2차]

| 해 설 | 『자녀가 있는 대체역도 동일하게 합숙조항의 적용을 받는다. 이로 인하여 '출퇴근' 근무가 가능한 상근예비역으로 소집될 수 있는 자녀가 있는 현역에 비하여, 지나치게 엄격한 복무 환경에 있는 것인지 여부가 문제될 수 있다. 자녀가 있는 병역의무자에 대하여 합숙의무에 대한 예외를 두는 것은 병역의무와 관련한 일종의 시혜적인 조치이고, 헌법재판소는 시혜적인 법률의 경우 넓은 입법형성의 자유를 인정하고 있다. 국가에게 혼인과 가족생활의 보호자로서 부모의 자녀양육을 지원할 헌법상 과제가 부여되어 있다 하더라도, 그로부터 곧바로 헌법이 국가에게 자녀를 양육하는 모든 병역의무 이행자들의 출퇴근 복무를 보장하여 자녀가 있는 대체복무요원들까지 합숙복무의 예외를 인정하여야 할 명시적인 입법의무를 부여하였다고 할 수는 없다. 입법자는 병역의무자의 합숙의무에 관한 입법을 함에 있어 제도의 목적, 대상 병역의 복무형태와 수행업무 및 지위, 병역 인력 운영 상황, 국민정서 등 제반 사정을 고려하여야 하므로, 병역의무자에 대한 출퇴근 허용 요건이나 허용 대상, 허용 기간 등을 어떻게 정할 것인지는 상당 부분 입법자의 재량에 맡겨져 있다고 보아야 한다』(헌재 2024. 5. 30. 2021헌마117 등).

경찰
헌법도약
최근 3개년 헌법판례정리

경찰
헌법도약
최근 3개년 헌법판례정리

편저자 이국령

- **약력**
  - 前) 부평윌비스고시학원 행정법 전임
    한라대학교 특강
  - 現) 윌비스경찰학원 헌법 전임
    윌비스경찰간부학원 헌법 전임
    윌비스한림법학원 법원직 헌법 전임
    윌비스한림법학원 변호사시험 헌법 전임

- **주요저서**
  - 이국령 헌법 필수조문집 (윌비스)
  - 이국령 헌법 진도별 객관식 기출문제집 (윌비스)
  - 이국령 헌법 최근 5개년 판례정리 (윌비스)
  - 이국령 헌법 기출지문 O× (윌비스)
  - 이국령 헌법 법원직 진도별 모의고사 (윌비스)
  - 이국령 7급 헌법강의 (윌비스)
  - 이국령 법원직 헌법강의 (윌비스)
  - 로스쿨 헌법도약 (윌비스)
  - 헌법도약 쟁점암기장 (윌비스)
  - 헌법도약 최근 3개년 판례분석 (윌비스)
  - 법원직 헌법동행 (윌비스)
  - 법원직 헌법 W 지문연습 (윌비스)
  - 공무원 헌법도약 (윌비스)
  - 경찰간부 헌법도약 (윌비스)
  - 경찰 헌법도약 (윌비스)
  - 경찰 헌법도약 기출문제집 (윌비스)
  - 경찰 헌법도약 기출지문 O× (윌비스)
  - 경찰 헌법도약 시험장노트 (윌비스)
  - 경찰 헌법도약 적중예상 문제풀이 (윌비스)
  - 경찰 헌법도약 최근 3개년 헌법판례정리 (윌비스)

경찰 헌법도약 최근 3개년 헌법판례정리 [25년 1차 경찰시험대비 최신판]

초 판 인쇄 2025년 01월 16일
초 판 발행 2025년 01월 22일

편저자 이 국 령
발행인 송 주 호
발행처 ㈜윌비스
등 록 119-85-23089
주 소 서울시 관악구 신림로 129-1
전 화 02)883-0202 / Fax 02)883-0208

저자와의 협의에 의해 인지를 생략합니다.

ISBN 979-11-6618-878-7 / 13360   정가 8,000원

이 책은 도서출판 윌비스가 저작권자와의 계약에 따라 발행하였습니다.
저작권법에 의해 보호를 받는 저작물이므로 본사의 허락 없는 무단 전재와 무단 복제를 금합니다.

경찰
헌법도약
최근 3개년 헌법판례정리